子どものための児童相談所

児童虐待と子どもへの政治の無関心を超えて

編著 浅井春夫
著 山野良一
川松亮
鈴木勲

自治体研究社

はしがき——児童相談所の事実・現実・真実、そして未来を！

熱湯をかけられた3歳児の死亡事件

大阪府摂津市のマンションで、容疑者の交際相手の女性の長男である桜利斗《おりと》ちゃんが、同居していた男性（23歳）から熱湯をかけられ、火傷で２０２１年8月31日に亡くなる事件が発生。９月22日、無職で同居していた容疑者が殺害容疑で逮捕。バスルームで、シャワーの熱湯を10分近くかけ続けていたとみられています。

容疑者は、事件の3か月前から母子と同居していました。２０２１年5月頃、母親から摂津市に「交際相手が息子の頬を叩き、あざができた」という相談があり、市の担当者が家庭訪問して容疑者に注意をしています。

６月頃には母親の知人から「あざが多数見られ、大声で助けを求めて泣いているので桜利斗ちゃんが殺されるかもしれない」と摂津市に通報があり、市の担当者は児童相談所と情報共有のみで一時保護などの措置はしませんでした。それ以前にも保育所から「あたまにこぶがある」と、市には2度の通告がありました。

その後にわかった情報（朝日新聞、２０２１年10月28日朝刊）では、大阪府警は6月にも男児に暴力を振るったとして、母親と交際相手の男性を暴行容疑で逮捕しました。市は母子を見守り支援の対象にはしていたのですが、暴行容疑は把握できていませんでした。6月に桜利斗ちゃんが暴行されている様子を、母親が動画撮影したとみられています。容疑者の母親は「逮捕されても納得です」と供述しているとのことです。

この事件を通しても、①虐待に関する通告の受け止め方の問題、②虐待等の通告先が現在は児童相談所と市の2つの窓口があり、その情報の共有化と連携のあり方、③児童相談所の現認（現場に行っての事実確認）という介入の第一歩の対応に関する課題、さらに死亡事件という結果論からいうことになるのですが、④児童相談所における虐待を疑う通告に対して、通告先に足を運んで状況を把握すること、さらに桜利斗ちゃんの傷・あざなどの程度を確認し、⑤子ども本人から話を聴くことも必要でした。また、緊急の対応のなかには、⑥一時保護という対応も必要になります。その点でいえば、一時保護所が緊急対応の要になるケースもあることを強調しておきます。専門施設としての機能を充実させていく改革が国・自治体に求められていると思います。

また、こうした事件に至る現実をみても、⑦児童相談所が十全に機能するための条件整備や⑧専門職養成システムを本気で改革していくことが、国に求められていることも避けてはならない課題です。本当に児童相談所の専門職のみなさんが自己犠牲をともないながら従事している現実に、⑨何を制度として、労働環境として、専門職養成システムとして整備していくのかは待ったなしの課題となっています。あらためて⑩子どものいのちと権利を大切にする国への転換をすすめたいと決意しています。

児童虐待は前年度の数値を、一度も下回ったことがない！

児童虐待事件は、連日のように報道され、繰り返し私たちの目と耳から入ってきます。みなさんもそのたびにどうしようもない暗い気持ちになることがあるのではないでしょうか。

児童相談所において虐待対応した相談件数（速報値）は、２０２０年度で20万件を超えました。児童虐待の統計を継続的に集計しはじめた１９９０年度に１１０１件であった虐待件数は、30年で１８６倍となっています。

重大な虐待事件が発生するたびに、児童相談所の対応について強烈な批判やバッシングが向けられます。怒りの矛先を児童相談所や児童福祉司に向けるだけでは、何も改善されるわけではありません。私たちおとなや専門職、自治体職員、ＮＰＯ団体の関係者、国会議員はじめ地方の議員の方々、市民、福祉や教育を学ぶ学生のみなさんが、本書を手にしていただき、児童相談所が子どもを大切にする地域ネットワークの拠点になるための未来図を作成していただきたいと願っています。

第三者評価とともに当事者評価と労働環境の改善を！

２０２１年10月、児童相談所の児童福祉司経験者、児童福祉の実践者と研究者によって「日本児童相談業務評価機関」（事務局・東京）が設立されました。児童相談業務評価の目的について、ひとつは「子どもの権利が守られているかどうか」、もうひとつは、「子どもの生命が守れるような児童相談所の機能が具体化されているか」という2点に集約されます。端的にいえば、業務の質を向上させるのが第三者評価の目的です。

厚生労働省は２０１７～２０２０年度に調査研究事業として外部機関に委託して、児童相談所と一時保護所の評価尺度の作成とモデル事業を実施しました。その調査研究事業にかかわった専門家、弁護士、現場職員などの9人が発起人となり、評価機関を設立しました。発起人の方々は、現場の経験とともに見識のある方で構成されており、具体的な内容（65項目）に関して、業務評価事業がされるものと思います。２０２２年度には全国10か所で評価を実施する予定とのことです。

ただし、同機関による評価・指導・援助の中身が活かされるためには、子どもの生命と権利を守るための基礎的な労働環境の抜本的な改善をすすめることが必要不可欠な取り組みとなっています。そのことがこれまでの福祉サービス第三者評価事業全般のひとつの総括であると考えています。

日本の子どもの戦後史をみると、政治のなかでは〝子どもへの無関心〟の歴史であったと言わざるをえません。子どもへの関心を持ち、子どもの安全・安心、発達保障、そして子どものしあわせと権利を大切にする国づくりというもうひとつの道を歩みたいと思うのです。そのことが実現できない時代ではありません。この国のおとなの責任を果たしていきたいと決意しています。

本書は、私以外の３人の執筆者は児童相談所の最前線で、子どもたちや保護者と関わってきた実践経験の豊かな研究者です。そして、研究者となっても、子どものいのちと権利を守るために多くの論稿を書き、ソーシャルアクションにもちからをふり絞っている方々です。執筆いただきましたことに、心より感謝申し上げます。

本書を通して児童相談所の現実を少しでも伝えられ、これからの児童相談所の未来を考え、改革をすすめるうえで参考にしていただければと心から願っています。

末筆になって恐縮ですが、自治体研究社の寺山浩司さんには企画の提案から編集まで実にていねいな本づくりをしていただきました。編著者として記して心からのお礼を申し上げます。

２０２１年10月30日

編著者　浅井春夫

［補遺］　本書では、市区町村子ども家庭総合支援拠点の本格的始動等に伴い、「市区町村」という用語を基本的に使用します。ただ、法律用語等においては「市町村」が用いられているため、その場合は「市町村」を使用します。

目次

子どものための児童相談所
――児童虐待と子どもへの政治の無関心を超えて

第1章

児童相談所は、いま

山野良一

はじめに

アパートの玄関先で、母親が馬乗りになって4歳のイクヤ（匿名）を叱っているという通報を受け、児童福祉司（神奈川県内）として筆者が緊急的に家庭訪問をした時のお話です。

他の職員と一緒に駆けつけたとき、イクヤはドアが開いたままの玄関先でまだひとりうずくまって泣いており、母親の方は玄関に繋がる狭い台所の食卓に座り暗い顔をしていました。児童相談所の職員であることや通報内容を伝えると、母親は少しびっくりしたようでしたが、その驚きを隠すように「もう、こんなやつは要らないからすぐにでも連れってくれ！」とイクヤに聞こえるようにいきなり啖呵を切ってしまう。

イクヤが、嘘ばかり言うこと、2歳下の妹に意地悪をして泣かせてばかりいることを訴えるのですが、そうしながら母親自身もイクヤと同じように泣き出してしまいます。「私は母親失格なんですよ。今日もイクヤを叩いてしまうし、ケガもあるでしょう。だから私なんかが育てないで誰か他の人に育ててもらった方がいいと思う」（実際には外傷はほとんどなかったのですが）。

イクヤのことを話しているうちに、いつも、いつも嘘をついているわけではないこと、普段は憎めないかわいい子なのに、時々困った子になることなど、客観的な会話ができ始め、気持ちも徐々に落ち着いていくのが母親に見えてきます。

母親は、母子家庭で育ち、その母親（つまりはイクヤの祖母）もすでに亡くなり、イクヤと妹を抱え、朝早くから夜遅くまで働く地方出身の4トンダンプ運転手の父親とともに、孤立した育児を担ってきたのでした。経済的にもけっして余裕がある生活を送っていたわけでないことが、母親の話やアパート内の状況からも分かりました。

「よくここまでがんばってきましたね。どうやって、やってこられたのですか？」と少し意図的に発した筆者の質問に、母親は「がんばってなんていません。子どもふたりのことだけを考えてきただけです。でも私はいい母親ではないんです」と自分を否定しながらも、どうにか今の状況を変えたい気持ちを言葉の端に滲ませてくれました。*1

現在の児童相談所は、虐待死事件が続き、社会的に批判を受けることも多いですが、児童相談所で働いていた筆者の経験からすれば、その仕事は手応えのある専門的なものでした。支援をするなかで、家族には少しずつ変化が見えていきますし、20年近く勤務することで子どもたちの長期の成長を感じることもできました。イクヤの事例も、通報後、保育所を活用することで保育士さんと連携しながら年単位での援助をし、いくつかのドラマを経ながら親子関係も少しずつ修復に向かったのでした。

一方で、イクヤの事例でもそうでしたが、子どもや家族の生活環境や福祉の「貧しさ」に直面し、いつも厳しい現実にさいなまれる毎日でもありました。

まず、家族を支える社会資源は（現在と同様に）、とても「貧しい」ものでした。児童手当の額は少なく、生活保護は利用できず、保育所はいつもいっぱい。子どもを入所させる一時保護所や児童養護施設も同様に満杯が常態でした。イクヤの母親も、保育所は「お金持ちのためのもので、自分たちのような貧乏な家庭では使えないのでは？」と児童福祉司としての保育所利用の提案に訝しげに最初は反応していました。さらに、本章で詳述するように、児童福祉司として担当する子どもの数も非常に多く、１００名を超えることもありましたし、超勤どころか土日も働かないと業務は回りませんでした。

子育てにジェンダー的な課題を背負い込んでいる家族も目立ちます。「家族構造の貧困さ」といえるものです。ふたり親家庭では、父親は長時間労働に従事し、子育ては母親が多くの場合一人で抱え込んでいました。また、夫の暴力を受けながら、子どものために我慢しながら経済的に依存している母親も多く、離婚後もＤＶ（ドメスティック・バイオレンス）による精神的なトラウマに悩む方もいます。

こうした子どもや家族の福祉の「貧しさ」は、顧みれば私が児童相談所で仕事を始めた90年代に始まった問題ではありません。最近ではようやく、子育て支援が政策アジェンダにも上がってきましたが、少子化が問題とされるまでは、子どもの福祉はある意味置いてきぼりにされ、そのことが上述のような「貧しさ」をもたらしたのでしょう。

やや巨視的すぎる視点に戸惑う向きもあるかもしれません。地に足をつけた議論にするためにも、1節ではまず、児童虐待問題に中心的に向き合っている児童相談所（市区町村の子ども家庭相談部門を含む）について、その行政的な役割や中心的な職員の状況などについて概観していきたいと思います。

それを土台にして2節を中心に、先に触れた児童相談所での業務の手応えや、専門性を取り囲む課題を人員配置の点を中心に論述していきたいと考えています。児童相談所の職員のやりがいや専門性を削ぎ落とそうとしている、または醸成させない社会的環境がそこにはあるのだと思います。

1　児童相談所の役割と中心的な職員

(1)　児童相談所とは

児童相談所は、児童福祉法に基づいて各都道府県および政令指定都市に設置が義務づけられています。また、政令で定められた児童相談所設置市（中核市及び特別区など）も児童相談所を設置できるようになっています。全国で現在225か所あります（2021年4月1日現在）。

児童相談所の運営を規定する厚生労働省通知が、「児童相談所運営指針」（以下「運営指針」）です。「運営指針」では、児童相談所は「市町村と適切な協働・連携・役割分担を図りつつ、子どもに関する家庭その他からの相談に応じ」、子どもの福祉と権利を保障することを主たる目的に設置される行政機関と規定されています。

今、児童相談所は行政機関であると明言したのですが、一行政機関でありながら、実はさまざまな役割を担っていることも日本の児童相談所の特徴です。そのことが、虐待事件が続く中で、児童相談所の業務のスリム化が求められる遠因にもなってきましたし、今後もそうした動向は続いていくのだと思います。しかし、後述するようにスリム化のために必要な条件等の整備を併せて考えなければなりません。

「運営指針」では、児童相談所の基本的な機能が次の4つに分類されていますが、それに基づいて児童相談所の抱えるさまざまな役割について整理してみたいと思います。
（ア）市町村援助機能、（イ）相談機能、（ウ）一時保護機能、（エ）措置機能。

(2) 相談機能と市町村援助機能─相談の二元化

まずは、児童相談所の中心的な機能である「相談機能」について述べますと、日本の児童相談所は歴史的に、児童福祉の行政機関であると同時にクリニック機能を持ちあわせてきたとされます。クリニック機能を持ち合わせるとは、簡単にいえば、心理専門職や精神科医（場合によっては小児科医）による診断を機関内で行ってきたということです。

家庭や学校などにアウトリーチ（outreach）を行う児童福祉司の存在と、クリニック機能が併存することで児童相談所の専門性は一定程度担保されてきたともいえます。例えば、クリニック機能を持つことで、「⑷　相談内容と専門職員」の項で述べるようなさまざまな相談にも応じることができましたし、児童虐待に関しても非行や育児不安など他の相談の中に隠れているもの（そうした場合も実は多いのです）を発見することができたのだと思います。

相談機能の中で、もう一点触れておかなければならないのは、２００４年の児童福祉法改正によって市区町村と児童相談所の二元的な相談体制が導入されている点です。従来、児童相談所は子どもに関するあらゆる相談に応じる専門機関とされてきましたが、現在では市区町村の子ども家庭部門も子どもや家族のさまざまな相談に応じることとされています。

とりわけ、それまで児童虐待の通告先としては、主に児童相談所に一本化されていたのが、新たな通告先として市区町村が位置づけられることになりました。現在では、市区町村も通告があった場合、子どもの安全が確保されているかなどの調査の主体的実施が必須です（冒頭事例のような緊急訪問も、現在では市区町村の重要な業務のひとつです）。これは、２０００年の児童虐待防止法の施行などに伴って、児童虐待相談件数が急激に増加し、児童相談所だけでは対応ができずに相談の場を増やしたという経過があったからですが、[*2] 先のスリム化のひとつの表れでもあります。

二元化の結果として、市区町村と児童相談所の役割分担の明確化が、その後の大きな課題のひとつとなってきました。２０１６年改正の児童福祉法では、市区町村と児童相談所の役割を明確にするための規定が加えられました。それによると、市区町村は「児童の身近な場所における児童の福祉に関する支援」を行うこととされ、一方で、児童相談所は「市町村に対する必要な助言及び適切な援助を行う」また「専門的な知識及び技術並びに各市町村の区域を超えた広域的な対応が必要な業務」を行うこととされています。

このうち児童相談所の「専門的な知識及び技術」については、ひとつは先に言及した、児童相談所が長年培ってきたクリニック的な機能であるといえます。もうひとつの専門性は、児童相談所固有の権限である、さまざまな法的な対応です。一時保護、立ち入り調査、あるいは家庭裁判所への種々の審判申し立てなどの行政権限の行使は、相談体制が二元化されても市区町村はできず、児童相談所に権限が集中化されています。

こうした二元化は、当時児童相談所がパンク状態であったための施策と上述しましたが、二元化にはより積極的な面もありました。市区町村は、確かに行政権限は持ち合わせていませんが、児童相談所にはない、いくつかの強みを持っています。まず、子どもや家族にとってより身近（距離的にも心理的にも）な存在として相談しやすい場合が多いと考えられます。

また、少子化問題が社会的に取り上げられるようになってから、さまざまな子育て支援サービスを、市区町村は実施担当し体制強化するようになっています。特に、２０１５年の「子ども・子育て支援新制度」の前後から保育所・認可子ども園の増設が市区町村の管轄のもとかつてない勢いで進んでいます。さらに、「地域子ども・子育て支援事業」として、「利用者支援事業」「地域子育て支援拠点事業」「乳幼児全戸訪問事業」「養育支援事業」「放課後児童クラブ」などが法的に体系化され市区町村の管轄となっています。乳幼児健診などを担う保健サービスも同様に市区町村のもと運営されています。

さらには、子ども食堂などの民間が実施している居場所の把握や支援等も市区町村の重要な業務となっていく可能性があります。こうしたさまざまな社会資源に、子どもや家族を導いたりつなげたりすることで、よりそい型の受容的な関りができます。またそうした社会資源で発見された家族や子どもの支援をしやすいのは市区町村である場合が多いでしょう。

また、これらの社会資源に加え、学童期以降にどの子どもも通う小中学校は、市区町村が運営しており、市区町村単位で福祉や教育の関係機関をネットワーク化しやすい点も市区町村の児童福祉部門を強化する意義につながっていたのだと考えられます。多くの市区町村は、現在、児童虐待防止のためのネットワークである要保護児童地域対策協議会の中心的な役割を担っています（調整機関といわれます）。

２０１６年の法改正では、児童相談所との役割関係の整理が図られただけでなく、市区町村に「子ども家庭総合支援拠点」（以下、支援拠点）を創設することが努力義務化されました。また、２０１８年３月に目黒区で起きた死亡事例をふまえて、政府は「児童虐待防止対策体制総合強化プラン」（以下、新プラン）を同年12月に公表し、２０２２年度までに支援拠点を全市区町村で設置するという目標を掲げています。死亡事例や法改正などで、市区町村の役割はより重視されるようになったといえます。

こうしたことで、**表1**のように、市区町村と児童相談所の役割をモデル的に整理することができ

表1　市区町村と児童相談所の機能の相違

	特徴的な機能	支援の基本スタンス
市区町村	○サービス提供によるサポーティブな支援	予防と支援的関与
児童相談所	○立入調査、一時保護、入所措置、親権制限などの法的権限行使 ○心理学的・精神医学的診断に基づく支援（クリニック機能）	枠組みづくりと介入的関与

出所：川松亮編著『市区町村子ども家庭相談の挑戦』明石書店、2019年を基に筆者作成。

るのだと思います。しかし、児童相談所と市区町村の役割は、かなり重複する部分があることも確認しておく必要があります。児童虐待事例に向き合うとき、ここまでが介入的な支援で、ここまでがサポーティブな支援と区切ることは現実的ではありません。両方のスタンスを児童相談所、市区町村とも（濃淡はありながら）持ち合わせる必要があり、両者の役割は流動的な部分があります。また、通報する側は両者の役割を理解することは通常なく、市区町村がリスクの高い事例に応じることはよくあることです。後方支援を主に担う職員として、市町村支援児童福祉司が配置されています。

また、この表にはありませんが、「運営指針」にある市区町村の後方支援も児童相談所の重要な機能です。市区町村の児童相談体制は、人口規模の違いなどもあって格差が大きいために、運営について専門的な助言や相談活動をサポートする必要があります。後方支援を主に担う職員として、市町村支援児童福祉司が配置されています。

最後に、市区町村が児童虐待や子ども相談対応において児童相談所とともにフロントラインに立ったということは、より大局的な視点からは、子どもの福祉や虐待対策のパラダイム変化の舵を日本も切り始めているともいえます。そのことは、最後にまた触れたいと思います。

(3) 一時保護機能と措置機能

児童相談所に固有の機能として一時保護機能と措置機能があります。市区町村には付与されていないものです。特に、一時保護機能は虐待事件が起きるたびに、児童相談所が、なぜその権限を適切に行使しなかったのかと追及されることが度々です。一方で、その権限の強さから時に児童相談所の「やりすぎ」として批判の対象となる点です。

児童福祉法では児童相談所長の判断のみで、子どもを家庭から離すことができるようになっています。こうした権限の強さに一定の枠をつけるために、2017年改正で、2か月以上保護を継続し親権者の意に反する場合には家庭裁判所の承認を得なければならなくなりました（入所措置の承認等の申し立てがなされている場合を除く）。こうした司法関与の強化は必要な制度変更であったのですが、一方で審判の申し立てなどの事務手続きが増え、児童福祉司の負担増につながっています。

一時保護ののち、必要によっては、里親や児童養護施設への入所（委託）措置がなされます。ただ、措置後も児童相談所は児童福祉司を中心に関与を続けていきます。ひとつには、保護者が安全安心な養育環境を整え、子どもと一緒の生活を再度送れるようにさまざまな面から支援を継続していきます。そのなかには、ペアレントトレーニングのような育児スキルの向上を目指すものもありますし、仕事など経済面での安定が図られるような支援も含まれます。

また、児童養護施設や里親宅で、子どもが安定した生活を送れるように支援するのも児童福祉司の重要な役割です。子どもの中には、虐待によるトラウマ症状などに苦しみ続ける場合もあります。児童養護施設は、歴史的に人員配置が不十分なままに設置運営されてきた経緯もあり、特に入所当初は児童心理司とともに、定期的に施設等を訪問する必要があります。さらに、先に保護者の養育環境の支援に触れましたが、それらと並行して、子どもの気持ちの整理や親子の面会などを重ねていくことで子どもと保護者の関係を再構築していく支援も肝要です。施設入所は、平均で5年間ほどとされますが、児童福祉司は最初から最後までフォローをし続けています。

また、措置機能の中には、在宅措置と呼ばれるものもあります。これも、児童福祉司が主に担う業務です。施設措置等は（その時点で）必要はないが、不安的な親子関係をできるだけ良好なものとするための在宅での支援です。保護者や子どもの精神的なケア、経済的な支援、DV問題の改善などのために、前述のクリニック機能なども駆使してサポートを重ねていきます。なお、在宅支援には措置（行政処分）を伴わずに支援をしている事例もあります（「継続指導」といわれる）。なお、市区町村には措置権限はありませんが、権限はなくても在宅での支援事例は数多く、施設措置解除後の家庭復帰ケースの支援を児童相談所からゆだねられる場合もあります。

(4) 相談内容と専門職員

上記のように、児童相談所は一般の市民からの子どもに関する相談から、虐待通告、さらには緊急的な保護、入所措置まで、さまざま方向性の業務を行っているといえますが、相談内容についても、子どもに関するあらゆる相談を受理しています。そうした意味で、「百貨店的」といわれることもあります。

「運営指針」では相談種別を、養護相談、障害相談、非行相談、育成相談、その他に区分けしています。このなかで現在一番件数の多い養護相談は、保護者が何らかの理由で子どもを育てられなくなった場合などの相談です。児童虐待の相談は養護相談に含まれます。次に多い相談が障害相談ですが、主に知的障害や発達障害に関する相談に応じています。育成相談については、家庭内のしつけや不登校の相談が含まれます。非行相談は、家出や校内暴力、万引き、暴行などに関する相談です。また、市区町村も、同様の分類でさまざまなあらゆる相談に応じています。

このなかで、障害相談については、児童相談所が今後も継続的に相談を実施していくのがいいか議論がなされてきました。*3 というのも、現在でも障害相談のうち、件数的に多いのは、療育手帳の申請のための判定業務であり、また2004年の法改正でそれまで児童相談所が担当であった通園施設（現在の児童発達支援センター）の事務も市区町村に移管されています。今後、市区町村や医療機関、児童発達支援センター等、他機関が主に相談に応じるようになる可能性があります。また、育成相談も相談機能の拡充に伴い、市区町村での対応が可能となる事例が増えていくことが予想されます。

ただ、障害相談にしても育成相談にしても、児童相談所がこれまで対応できていたのは、クリニック的な機能を歴史的に保持してきたゆえであったことを忘れてはならないでしょう。市区町村が障害相談や育成相談に専門的に関わるためには、特に心理専門職員の配置が必須になります。また、実は児童虐待は、ふたつの相談と重なる事例も多いことに留意しなければなりません。保護者が、子どもの障害や不登校の悩みで相談にきても、その背後に虐待やネグレクトの問題が潜んでいる事例は多く、そうした点に気づくためにも心理専門職の専門的なまなざしが不可欠です。

上記のごとく「百貨店的」な相談に、児童相談所ではどのような専門職が対応しているのでしょうか。列挙してみると、所長、児童福祉司、児童心理司、医師、保健師、弁護士、一時保護所の児童指導員・保育士などです。ここでは、紙幅の制約もあり、次節で児童相談所の課題点として取り上げる、児童福祉司、および児童心理司のみについて、どのような資格を必要としているのか、またその業務の状況について簡単に触れてみます。

まず、児童福祉司ですが、ここまで述べてきた児童相談所が果たしているさまざまな役割をほとんど中心的に担っているソーシャルワーカーだといえます。多くの場合、特定の地域ごとに配置されています。繰り返しになりますが、児童福祉司は虐待通報時の調査や一時保護のみを担当している場合は少なく、施設措置ケースや在宅ケースも担当しており、そちらの業務量の負担も大きいといえます。

よく誤解を受けるのですが、児童福祉司は国家資格ではなく、いわゆる任用資格（実際に採用され、その業務に就いたときのみ名乗ることができる）でしかありません。現状でも、社会福祉士や社会福祉主事等でなければならないことが児童福祉法で規定されていますが、専門性を高める必要があるとして、新しい国家資格（「子ども家庭福祉士（仮称）」）を創設する検討に、厚生労働省は入っています。

児童福祉司の中に、先述の市町村支援児童福祉司に加え里親支援児童福祉司、さらにスーパーバイザーの存在が法的に規定されています（スーパーバイザーは5人の児童福祉司につきひとり）。

児童心理司も任用資格ですが、大学において心理学を専修する学科や課程を卒業しているなどの資格が必要です。先に述べたように、児童心理司は児童相談所がクリニック機能を担うためには欠かせない存在です。子どもの心理判定や子ども・保護者のカウンセリング等を主に行っています。特に、虐待事例などでは、児童福祉司とペアを組んで業務にあたる場合が多いといえます。

この後、児童相談所で中核的な役割を果たしている児童福祉司の配置等について議論していきますが、児童福祉司が単独でさまざまな判断をしているわけではないことも述べておきたいと思います。換言すれば、前述の複数の専門職員がチームを組んでひとつの事例に取り組んでいることも、児童相談所の特徴です。また、これら各種職員が参加してのケース会議が定期的に開かれ、さまざまな決定をしています。もちろんそのなかには、よく議論になる一時保護の必要性なども含まれます。児童相談所は、そうした合議制を大切にしてきた機関です。

2　児童相談所や市区町村子ども家庭相談部門の課題
――早急に求められる職員体制の改善

(1)　児童相談所の人員配置など

a　児童福祉司の配置数

児童虐待への社会的関心が高まる中で、児童虐待ケース数は「うなぎ上り」という形容詞がぴったりするほど急激に増加しています。児童相談所が対応した数のみでいえば児童虐待相談件数は、2020年では20万5029件（速報値）となっています。これは、児童虐待防止法が制定された2000年の1万7725件に比較して、約11・5倍の増加になります。

一方で、それに対応する職員体制は貧弱なままで推移しています。**図1**は、2000年の虐待相談件数と児童福祉司の数を基準（ともに100）とし、それぞれの推移をみたものです。先にみたように、虐待件数は11・5倍もの伸びでしたが、児童福祉司数は2000年、全国で1313人、2020年では4553人と3・5倍の増加に過ぎません。*4 2000年当時、児童福祉司として働いていた私の実感としても、当時の業務は「激務」といえる状況でしたが、現在の児童福祉司たちはそれ以上の過重な職務をこなしている可能性があり、現場の限界ぶりを如実に表すのが**図1**といえるでしょう。

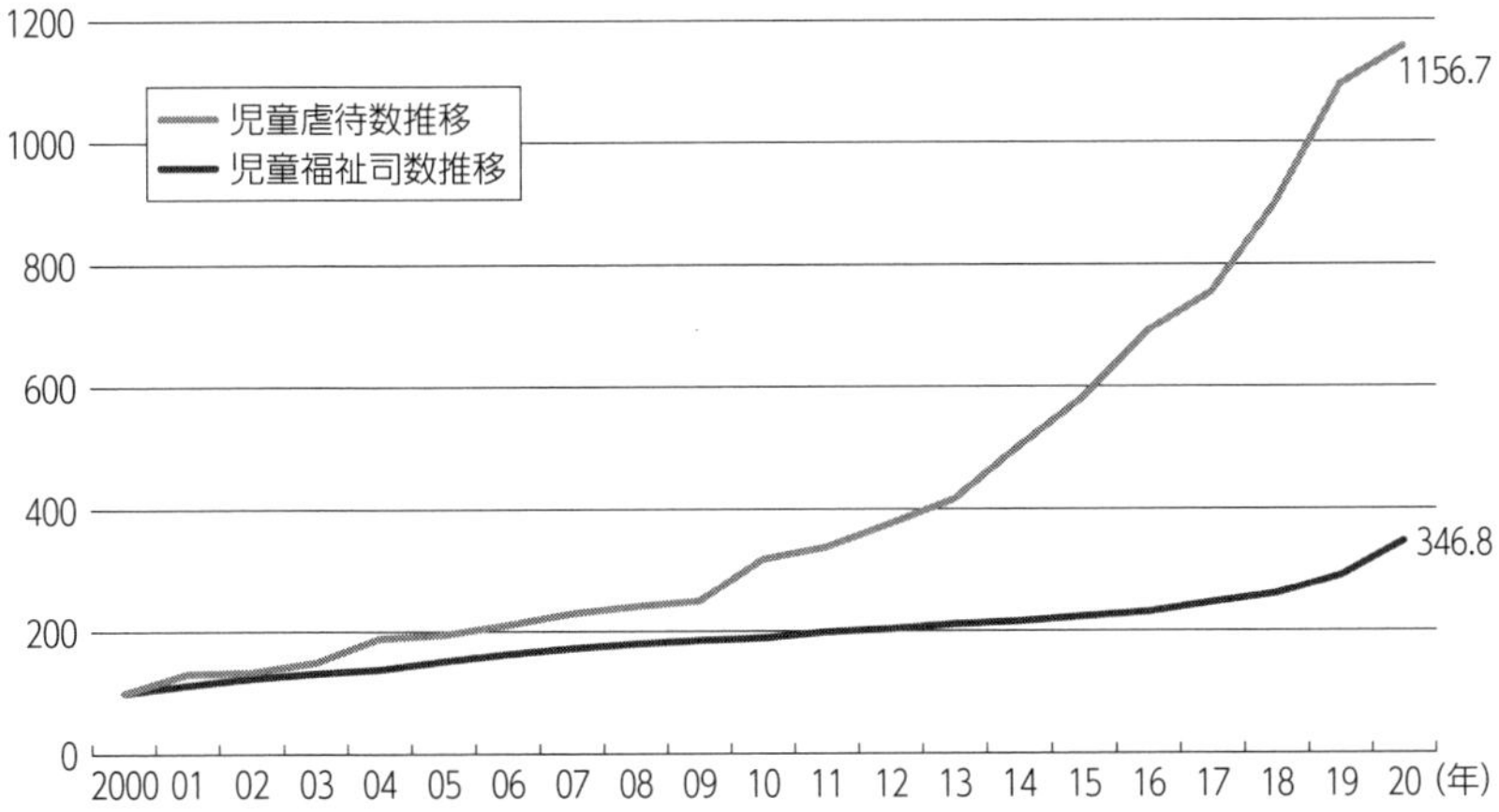

図1　児童虐待対応件数と児童福祉司数の推移

注：2000年を100とする。
出所：各種データを基に筆者作成。

児童虐待事例への対応は、ひとつひとつ緊張を強いられ、また高い専門性が要求されるものです（冒頭事例もその一例です）。虐待の通告があると、原則すべての事例（重症度にかかわらず）について、児童相談所では担当児童福祉司や先の各種専門職が一堂に会して緊急的に会議が開催されます。会議の中では、子どもの安全確認を含め、子どもや家族の状況に関する情報収集の方法等を確認し、担当児童福祉司を中心とした調査が開始されます。情報取集は、市区町村や学校、保育所、児童委員など多様な機関への連絡が必要になります。また、現在すべての事例で48時間以内に子どもの安全確認を行うことが定められています。

場合によっては緊急的に家庭訪問等を実施し、保護者に会い、子どもとも話をしながら身体の傷や生活の様子を確認する必要があます。もちろん、一時保護をする場合もあり、保護先の確保を検討しなければなりません。緊急保護は、保護者や子ども自身からの抵抗があることもあり、最も気が引き締まる瞬間です。加えて、ここ数年連続した死亡事例発生以降は、介入的な一時保護がより強く求められています。

しかも、こうした通報が1日に何件も重なる場合があります。本書第2章にもあるように、児童虐待ケースは、さまざまな生活課題やニードを抱えている場合が多く、安全確認だけ行えばよいという事例は少なく、さまざまな支援につなげる必要があります。通報が同時に重なると、そうした支援のための保護者や関係機関とのやり取りが難しくなってしまいます。

なお、2019年の児童虐待防止法の改正で、一時保護等の法的な介入を行う児童福祉司と保護者支援の児童福祉司の業務を分離するように規定された（ただし、柔軟に対応するように附帯決議では指摘されている）こともあって、調査のあり方は今後若干様相が異なっていく可能性もあります。また、先述のように児童虐待通報があった場合には、市区町村においてもほぼ同様の調査等の対応（一時保護を除く）が求められ、近似の課題等が生じているといえます。

確かに、すでに言及した「新プラン」（2018年）では、児童福祉司を2022年度までに2020人程度増員するとしています。この増員計画は、上記のような現場の状況を考えればまさに待ったなしのものです。*5 一方で、児童虐待の通報数の増加からすれば、仮に2020人の増員が果たせたとしても児童福祉司は6000人程度（2000年と比較して5倍程度）で、現場の状況や児童虐待対応件数の増加と比べれば焼け石に水と言えるほど不十分な「貧しい」ものではないでしょうか。

b　児童福祉司の配置基準

児童福祉司の配置数については、国が政令で配置基準を示しています。非常に長い間（1957年から2005年まで）、人口おおむね10万から13万人までを標準として定められていましたが、その後改善が少しずつ重ねられ、2016年の政令改正では人口4万人に1人以上、さらに2019年の改正では人口3万人に1人以上という新しい基準が定められました。この基準では、里親養育支援児童福祉司、市町村支援児童福祉司（以下、それぞれ里親支援福祉司、市町村支援福祉司）の数や、児童虐待対応ケース数に応じた加算などがあります[*6]。

ただ、2021年5月20日に報道されたNHKの独自調査では、全国74自治体のうち約8割で新基準に配置数が達していないとされています。政令で基準が定められているにもかかわらず、自治体によってはその数を満たせていない理由のひとつは、この数は「政令で定める基準を標準として都道府県が定める」（児童福祉法第13条2項）とされ、最終的には各自治体の裁量に任されている点にあるといえます。また、こうしたこともあって児童虐待の対応件数など業務量には自治体間で格差があることもよく指摘されることです。

人口比を基幹とした現在の政令基準そのものも、現場での業務量の格差は反映しにくく、現場からの声としても、実際に担当するケース数のほうがより如実に業務量を物語るとされます。そうした新しい（第2の）基準や指標が望まれ、それに基づいての各自治体の、さらには個々の児童福祉司の業務量調査が必要と考えます。

「新プラン」では、ただこの点で少し動きが見えます。「新プラン（骨子）」には、次のように記されています。児童福祉司の「業務量に応じた配置の見直し」として、「児童虐待相談への対応のみならず、非行、養護、障害などの相談対応を加味した配置標準へ見直し」とし、「具体的には現行の配置標準が、児童福祉司一人当たり虐待相談が、40ケース相当となるよう設定されていることを見直し、児童福祉司一人当たり業務量が、児童虐待相談及びそれ以外の相談を併せて、虐待相談ケース40ケース相当となるように設定」すると記されています。

積極的に評価できる部分と、ややあいまいで分かりにくく疑問を呈せざるをえない部分があります。まず後者についてですが、特にこれまで設定されてきたという「虐待相談が40ケース」という「業務量」はどういう算出式に基づいたものか不明だという点です。この点は推察でしかないのですが、どうも厚生労働省は1年間に発生した児童虐待相談対応件数の全国合計を児童福祉司数合計で単純に割った平均を「設定」値としているのではないかと思われます[*7]。この数がどの程度適切なのか等についての根拠は示されていません。また、これまで指摘してきたように、児童福祉司は「新規」の虐待事例だけを担当しているわけではありません。施設入所、在宅措置（支援）ケースともに場合によっては数年にわたって担当しています。

ただ、「新プラン」の積極的な部分として（また本稿でも述べたように）、児童福祉司は虐待だけでなく非行相談等も対応しており、それらの相談も含めて「業務量」の新基準を設けることにつながるのであれば、前進の一歩かもしれません。

そこで、本稿執筆時の最新データ（厚生労働省福祉行政報告例）の2019年「単年」の対応件数から、児童福祉司一人当たりの業務量の試算をしてみました。児童相談所を設置している70自治体（2019年度時点）ごとに、年間の「児童虐待対応件数」のみの一人当たりの業務量（①と②）と、新しく加味するとした「非行、養護、障害など」の種別のうち、児童福祉司が担当する場合が多いと考えられる、非行ケースおよび養護ケース数（虐待ケースを含む）を年間で合算した「合算対応件数」での一人当たりの業務量（③と④）を算出し、**表2**に③と④が極端に多い（③で70以上、④290以上）自治体を掲載しています（⑤については36頁cを参照。障害相談については、先記したように手帳判定業務などが多く児童福祉司はあまり関わらないため除外）。

①と③では、里親支援福祉司と市町村支援福祉司の数を除いた児童福祉司数を分母として算出しています。②と④では、里親支援、市町村支援福祉司に加え、スーパーバイザーの数も除いた児童福祉司数を分母としています。①と③は、現状の政令の基準に合わせた操作ですが、②と④については、スーパーバイザーは多くの場合、個別ケースを担当しておらず、この操作によってそれ以外の児童福祉司の業務量負担をより正確に反映できると考えたものです。複数の現児童福祉司の声に基づくものです。

結果としては、①③の里親・市町村支援福祉司を除いた場合の、児童虐待件数のみ（①）でも、最

表2　児童福祉司1人当たりの業務量など（業務量の多い自治体のみ）

	①「児童虐待対応件数」のみ a	②「児童虐待対応件数」のみ b	③非行などの「合算対応件数」a	④非行などの「合算対応件数」b	⑤児童心理司ひとりについての児童福祉司の配置数
群馬	32.3	36.2	75.0	84.0	1.8
埼玉	56.7	69.9	74.1	91.4	3.4
東京＊	51.7	62.6	75.0	90.8	1.8
新潟	38.2	46.4	67.1	81.5	3.0
岐阜	30.8	38.6	42.8	53.7	3.5
大阪	69.4	93.2	79.7	107.1	3.3
奈良	61.1	79.7	81.0	105.7	2.7
広島	46.5	61.9	57.5	76.7	3.3
福岡	44.3	70.5	73.8	117.4	2.7
沖縄	32.8	44.6	105.4	143.5	4.1
札幌市	46.2	51.1	91.1	100.7	2.4
仙台市	30.2	32.9	72.0	78.3	2.1
横浜市	36.7	45.2	45.4	55.9	3.6
新潟市	43.2	53.4	88.7	109.9	1.9
大阪市	44.7	53.9	77.1	93.1	3.6
金沢市	34.9	34.9	53.2	53.2	3.0
明石市	22.6	30.5	29.9	40.3	3.9
全国	39.4	48.5	57.0	70.1	2.4

注1：①から④のaは里親支援・市町村支援福祉司を除いた場合、bはaに加えてスーパーバイザーを除いた場合。
　2：①から⑤の詳細については文中を参照。
　3：＊＝世田谷区、江戸川区、荒川区、港区を含む。
　4：対応件数と職員数の2年のずれについては本文注6の点を参考に分析において採用した。
出所：対応件数は厚生労働省「福祉行政報告例」（2019年）、職員数は厚生労働省「児童相談所関連データ」（2021年）を基に筆者作成。

大の場合は、ひとり69・4ケースであり（平均は39・4）、非行等を加えた場合（③）は、最大105・4（平均57・0）となります。後者の場合、70ケースを超えているのは11自治体、80超は4自治体に及んでいます。②④では、児童虐待件数のみ（②）で、最大は93・2ケース（平均48・5）、非行等を加える（④）と143・5（平均70・1）となります。後者の場合、90ケースを超えているのは9自治体、100を超えているのも6ありました。

非行等を加えた場合は、平均で15ケースから20ケース増えることも分かりましたが、一方で平均値から乖離が激しい自治体が複数存在することが目立ちます。さらに言えば、この表2の数値は自治体ごとの平均値でしかないことにも留意が必要です。個々の児童福祉司の担当ケース数における、この平均値からの偏差（ズレ）がどれほどかはみえません。なかには、かなりの過重な業務量をこなしている児童福祉司もいることが予想されます。また、何度か触れているように表2は措置ケースなどを含んでおらず、実際の児童福祉司がリアルに担当しているケース数はもっと多い可能性があります。

最も大切なのは、そうした過度の負担が、連続した虐待死事件のような「取りこぼし」[*8]のリスクを高めてしまうことだと思います。そうした意味では、平均値ではなく個々の児童福祉司が担当することができる最大値を基準として（各自治体の裁量ではなくナショナルミニマムとして）早急に設定するべきと考えます。

c　児童心理司について

児童心理司の配置数にも課題があります。児童心理司については、従来配置基準が定められておらず、２０１９年の法改正に伴って初めて政令の中で基準が設けられました（児童福祉司に遅れること、60年以上です）。長年の現場からの声がようやく反映されたものです。基準としては、児童福祉司の半数、つまり児童福祉司の配置数２人について児童心理司１人とされていますが、２０２４年までは３人に１人という経過措置が設けられています（「新プラン」）。

しかし、基準がなかったために、児童福祉司以上に自治体間格差が大きいことも指摘されてきました。それを実証するために、厚生労働省のデータを基に、各自治体の児童心理司１人当たりの児童福祉司の配置数（「運営指針」にあるように里親・市町村支援福祉司を除く）を計算してみました（**表2⑤**参照。３人を超えている自治体を中心に掲載）。平均では、児童心理司１人当たり２・４人でしたが、３人を超えている自治体が70自治体（特別区は東京に含む）のうち10自治体、４人を超えているのも１自治体あり、最大で４・１人になっていました。

d　児童福祉司の専門性の確保

児童虐待数の増加に追い付いていない面はありながら、量的な整備はようやく少しずつ進んでいるといえるかもしれませんが、専門性確保についてはさらに大きな課題を抱えています。

指摘されるのが、児童福祉司について経験年数の少ない職員が多い点です。最新の厚生労働省「児童相談所関連データ」（２０２1年）によれば3年未満で約3分の1（31％）、5年未満では約半分（48％）に及んでいます。特に、ここ数年は、「新プラン」などに基づき、各自治体が児童福祉司の配置数を急激に増やしているため、新採用の職員等を児童福祉司として配置せざるをえない状況があるとされています。新任職員の訓練など人材育成が各児童相談所では大きな課題となっています。これまで、児童福祉司の数（量）を抑制してきた「つけ」が専門性（質）の問題に影響を与えているといえるでしょう。*9

児童福祉司の業務は、これまで述べてきたように、専門的な力量を必要とするものです。一定の年数の経験を深めていくことが必要とされます。厚生労働省の「今後の児童家庭相談体制のあり方に関する研究会報告書」（２００6年4月）でも、「現場においては、児童福祉司に必要な専門性を確保するためには、5年から10年程度の経験が必要であり」と指摘されています。専門性の確保という点で、現状はまだまだ改善が必要な状況にあります。冒頭のイクヤの事例も、筆者が数年経験を積んでからのものでしたが、新採用のときであれば落ち着いた応答は困難だったでしょう。

児童福祉司は、現場でさまざまな課題や矛盾を抱え、葛藤やディレンマに悩み続けているのが日々の実践の様相だと思います。*10 冒頭でも少し叙述したように、筆者の場合も、保育や一時保護所が柔軟に利用できなかったり、保護者たちのＤＶ被害などによる不安的な精神状況に巻き込まれたりすることもありました。加えて、そこに職員数が少ない状況が追い打ちをかけると、児童福祉司は疲弊し意欲がそがれてしまいます。そうした状況もあって、早期の異動となる傾向が生じているのでしょう（他の要因は後述）。

国は、児童福祉司の研修を義務化したり新たな資格の創設について検討を始めたりして、資質の向上を図ろうとしていますが、研修や資格の前に、今、最も重要なのは児童福祉司が今後も業務を継続していけるような、さらなる量的な拡充を含めた条件づくりでしょう。

なお、児童福祉司の経験年数が短い点は、自治体側の問題も大きいのですが、この点は以降の市区町村の課題の中で触れていきたいと思います。

⑵ 市区町村（市区町村子ども家庭総合支援拠点）の人員配置など

a 職員配置

ここまで論じてきたように、児童相談所の問題も大きいのですが、今後（10年、20年という長期的な視野も含め）の児童虐待対応施策等を考える上では、実は市区町村の課題のほうが改善するべき点は著しいのではないかと考えます。特に、児童相談所に比べ市区町村は社会的にほとんど注目されていないことも気がかりです。

既述のように、子ども家庭支援制度においては、市区町村の位置づけは重要度を増し、児童相談所とほぼ同じ相談内容等に応じています。さらにまた、児童相談所における児童虐待対応件数と異なり、あまりマスコミ等で取り上げられない数値なのですが、全国の市区町村における児童虐待事例対応件数は、２０１９年では14万８４０６件に及び、同年の児童相談所の件数（19万３７８０件）

と肩を並べるほどです（児童相談所と市区町村を合わせた合計の件数のうち、約4割に対応している）。また、増加の一途をたどっており、特に児童相談所対応件数同様に、ここ数年は死亡事例の発生を受け急激に伸びを示しています。

児童福祉司と異なり、市区町村のソーシャルワーカーとして位置づけられる児童虐待対応職員（以下「市区町村職員」）の配置数はこれまで基準がなかったのですが、国は支援拠点の整備と合わせ、支援拠点の職員数の最低配置人数を通知で定めました（「市区町村子ども家庭総合支援拠点の設置運営について」**表3**）。こうした基準を定めることは、心理担当職員の配置数が基準に設けられたなども含め一定の意義があります。

一方で、この基準も十分なものとはいえないのではないかと筆者は懸念しています。特に、心理担当職員については、中規模・大規模型の市部にのみ（非常勤も可）配置が定められています。実は、**表3**からは浮き彫りにならないのですが、中規模・大規模型市は全国自治体のうち、1割（160ほど）にすぎません。つまり、国は大多数である9割の市区町村には心理専門職は不要だとしていることになります。

先に言及したように、心理専門の職員はクリニック機能を果たすために不可欠のものです。児童相談所のスリム化にあたっては、市区町村が児童相談所と同程度の専門的な相談に応じ（支援拠点の創設はその傾向をさらに高めるでしょう）、虐待の背景にある子どもや家族の問題を見立てる力を高めていく必要があり、心理担当職員の配置は必須です。何らかの措置が早急に肝要だと強く感じ

表3　市区町村子ども家庭総合支援拠点における主な職員の最低配置人数（人口規模別）

	人口規模	子ども家庭支援員	心理担当支援員	虐待対応専門員	合　計
小規模A型	児童人口概ね0.9万人未満（人口約5.6万人未満）	常時2名（1名は非常勤可）	—	—	常時2名
小規模B型	児童人口概ね0.9万人以上1.8万人未満（人口約5.6万人以上約11.3万人未満）	常時2名（1名は非常勤可）	—	常時1名（非常勤可）	常時3名
小規模C型	児童人口概ね1.8万人以上2.7万人未満（人口約11.3万人以上約17万人未満）	常時2名（1名は非常勤可）	—	常時2名（非常勤可）	常時4名
中規模型（中規模市部）	児童人口概ね2.7万人以上7.2万人未満（人口約17万人以上約45万人未満）	常時3名（1名は非常勤可）	常時1名（非常勤可）	常時2名（非常勤可）	常時6名
大規模型（大規模市部）	児童人口概ね7.2万人以上（人口約45万人以上）	常時5名（1名は非常勤可）	常時2名（非常勤可）	常時4名（非常勤可）	常時11名

出所：厚生労働省通知（2017）「市区町村子ども家庭総合支援拠点の設置運営等について」2017年、鈴木秀洋『市区町村子ども家庭総合支援拠点スタートアップマニュアル』明石書店、2021年を参考に筆者作成。

ます。

さらに、**表3**の「常時○名」という表記は現在の市区町村職員の業務状態を象徴するものです。市区町村職員は他の業務（例えば、小さい自治体では保育所入所や、他の子ども子育て支援制度に関する業務など）に同時に従事している場合も多いことを示しており、**表3**も専従職員の配置数にはなっていません。もともと少ない配置数にも関わらず相談業務に専念できないのは、この後述べる専門性の涵養の観点からは課題といえるでしょう。

市区町村職員の配置数について、国の財政的支援（地方交付税措置）が不十分であることも記しておくべきだと思われます。地方交付税での算定数（合計数）は、２０００年代以降、児童福祉司については、徐々に改善が見られる（注９参照）一方で、市区町村職員に関しては、これまでほとんど改善してきませんでした。具体的な算定数としては、市児童福祉職員数（子ども家庭相談業務に加え、保育所入所業務なども含む）の合計は、標準団体の人口10万規模で、２００１年以降ほぼ10名で推移しています。２００４年の法改正や２０１５年の子ども子育て支援制度の導入があっても増加はなく、２０１４年からは逆に８名に減らされた時期があり、２０１９年からは支援拠点のことを考慮に入れようやく10名に戻されているのみです。*11

b　専門性その他

市区町村職員については、現状で児童福祉法上、資格要件は課せられておらず、児童福祉司や社会福祉士、さらには保健師、社会福祉主事などの一定の専門資格を有する市区町村職員の割合は、全国で76・０％に留まっています。なお、支援拠点の職員（子ども家庭支援員および虐待対応職員）は、社会福祉士や社会福祉士主事等の資格が先の通知によって定められており、今後の改善が期待できますが、将来はさらに法定化も望まれるでしょう。

勤務年数については正規職員に限ると、６か月未満が24・８％、１年未満（６か月未満を含む）が26・９％、２年未満合計で48・０％と約半数、３年未満では64・５％と約３分の２を占めています。５年以上の職員は17・６％に過ぎず、ほとんどの職員が５年未満で転勤をしています。児童福祉司に比べても、かなり早く異動をしてしまうものが多いことが分かります。なお、非常勤職員のほうがやや経験年数が長い傾向が見えますが、常勤・非常勤合計でも大勢は変わりません。

こうした短い人事異動が繰り返される一つの原因は、専門職配置に多くの自治体がこれまで積極的でなかった点があり、国もその問題にほとんど関与してこなかった経過があると思います。これは児童福祉司も同様なのですが、市区町村のほうが自治体規模の面から要因として著しいのではないかと感じます。

地方自治体が専門職採用を手控えてきた要因の一つに、人事上の問題があると上林陽治[*12]は言及しています。すなわち、自治体の行政職・正規職員の人事は異動することを前提とし、職務については無限定であることが基本でした。正規職員は、幅広くかつ頻繁に異動することが求められてきました（ジェネラリスト型といわれる）。その場合、福祉分野などの相談業務を継続的に担う専門職員の採用枠はどうしても広がらず後回しにされてきました。ジェネラリスト型の人事を継続してきたがゆえに、専門職員の養成は遅れてきたのだといえます。

ある町の総務課長のインタビューをもとにジェネラリスト型の人事のもとに運営されている行政部門の状況を、中村圭介は次のように表現しています。

「3年から5年に1回、部門をこえて異動するということは、職場には常に3分の1から5分の1の新人がいるということである。ある町の総務課長の言葉によれば『3カ月間は見習いで、1年もすれば一通りの仕事はできるようになる』そうである。3カ月、1年が正しいかどうかはわからない。だが、仮に正しいとしても、職場には常に3分の1から5分の1の見習いがいて、ようやく1年たつと戦力がそろうことになる。だが次の年になるとまた別の新人が来る」[*13]。

行政部門での職務経験のある方であれば、納得できる描写ではないでしょうか。また、3年から5年というのは、先に見た市区町村職員や児童福祉司の勤務年数とぴったり符号するものです。こうした職場の状況で、虐待対応などの困難を伴う相談に市区町村や児童相談所はきちんと対応できるのでしょうか。子どもの安全・生命や権利侵害につながる児童虐待を防ぐ相談体制としては、現状はあまりに「貧しい」のではないでしょうか。

c　児童虐待対策のパラダイム変化と市区町村の専門性

1節で、2004年や2016年の法改正で、市区町村が児童相談所とともに枢要なポジションに位置づけられことを、児童虐待対応においてはパラダイム変化への入り口であると記しました。支援拠点の全国的展開を児童相談所中心主義から市区町村中心主義の幕開けとする研究者[*14]もいますが、それが意味することは単に、中心が移動したことに留まらないのではないかと筆者は考えます。

児童精神科医の第一人者である滝川一廣は、日本のこれまでの児童虐待施策をアメリカのシステムをそのまま直輸入したものに過ぎないとし、問題を抱えていることを指摘します[*15]。アメリカのシステムとは、「既に起きている〈虐待〉を見つけ出して子どもを保護する『後追い型・摘発型』の施策でしかない」[*16]。このシステムの強化を進めてきたアメリカでは「虐待死」はほとんど減っておらず、[17]滝川はアメリカは失敗事例に過ぎないと断じ、日本の施策の現状も結果として不十分なものに終っているとするのです。ではどうすればよいか。「『予防型・支援型』の対策へと大きく舵を回すこと」であると滝川は断言します。

実は、日本よりも早くから児童虐待問題に取り組んできた欧米では、（時間的な経過の違いはありながら）児童虐待対策については、さまざまな方向からの支援方法が検討されてきたのであり、[18]多くの国で分離や介入の強化から「予防型・支援型」対策の重要性に気づき始めているようです。[19]

ここまでお読みの方は気づかれたように、日本の場合、市区町村での支援を強化することがそのパラダイム変化に沿うものとなるかもしれないのです。少なくとも、市区町村に重点が移動するというのは、こうしたパラダイム変化を内包するものなのではないでしょうか。ただ、このパラダイム転換をソーシャルワークの専門性という観点からみるとき、実は「後追い型・摘発型」よりも「予防型・支援型」のほうが、より高度で養成が困難な技術が必要とされることに気づかされます。しかも、それを主に市区町村職員が備えていくことが日本では求められているかもしれないのです。

先に、児童相談所の専門性を①クリニック機能と②法律に裏打ちされた介入的な対応と記しました。①は市区町村にも必要なものです。「予防型・支援型」になれば、より強化が不可欠となります。「予防型・支援型」であれば、さらに、③前述のような地域の社会資源をさまざまに組み合わせるコーディネイト力やネットワークを作り上げていく能力をもたなければなりません。③の専門性とは、本来なら（医療や心理学分野にない）ソーシャルワークの持つ独自の専門性でした。ところが、冒頭で言及したように児童福祉や福祉全体の社会資源の「貧しさ」から、（欧米とは異なり）日本ではソーシャルワーク分野が、これまでほとんど追及できなかったものだったのではないでしょうか。

さらに、以下のような専門性が市区町村職員には今後要求されてくるのだと筆者は思います。④児童福祉司のような法的な強制力がない中で、援助を求めない、動機づけの弱い、時にソーシャルワーカーに対する不信感や反発感を持つ保護者や子どもと向き合う専門性です。加えて、市区町村が担当する事例には、保護するほどには重症度は高くなく、家族（場合によっては子ども）に問題意識が低いにも関わらず、生活の改善を必要とする（と周囲の関係機関が求める）事例はあまりに多いのです。そうした児童相談所や支援拠点の玄関先に自発的には立てない家族の支援が市区町村の主な支援対象となっていくのです。ソーシャルワークの世界でも、支援方法が最も困難とされ、学問的な蓄積が少ない領域です。そうしたこれまで踏み込んでこなかった高度な専門性を探求していくには、あまりに「貧しい」市区町村職員の人員配置です（もちろん、③④は児童相談所にも濃淡はありながらあてはまる専門性です）。

d　非正規職員の多さ―ジェンダー格差の課題

少し巨視的な議論になってしまいましたが、そのことも絡み、専門性と深く関係する最後の課題として、職員の身分保障の問題があるでしょう。市区町村職員については児童福祉司と異なり、非正規で働いている職員が多いことも特徴です（児童相談所も、児童福祉司を除くと非常勤職員は多いですが）。全体で正規職員は69・2％であり、約3割を不安定な状況で働く職員が占めています。先の支援拠点の配置数でも、非常勤職員の配置を認め、特に虐待対応職員はすべて非常勤でも構わないと定められています。安定した状況で働くことが、専門性を高めることにつながるはずですし、専門性の観点からは課題でしょう。

一方で、こうした非正規職員がかなりの割合を占めるのは、行政部門すべてで起きていることでもあり、「非正規公務員」や「官製ワーキングプア」という言葉が人口に膾炙するようになっています。ソーシャルワークなどの相談部門でも、こうした動向は進行しているのですが、もともと多くの「非正規公務員」がさまざまな相談業務を担ってきた経緯もあります。

連続した死亡事例では、母親がＤＶの被害を受けていたにもかかわらず適切な支援を受けていなかったことが注目されました。それを反映して、２０１９年児童福祉法改正では児童相談所と婦人相談所（多くの場合、配偶者暴力相談支援センターを兼ねる）との関係強化が盛り込まれました。しかし、ＤＶ対策を担う配偶者暴力支援センターや福祉事務所の婦人相談員については、極端なほど非正規職員の割合が高いことが顕著です[*20]。２０１７年４月現在、婦人相談員は全国で総数１４４７人ですが、そのうち常勤は２９５人にすぎず、８割が非常勤です。また、常勤職員の配置は、特定の都道府県のみであり、ほとんどの都道府県では全員非常勤です。

相談業務がかなりの割合で非正規職によって担われているのは、女性（特に主婦）向けの業務として長い間当然視されてきたためでしょう[*21]。そこには、女性労働やケア労働に対する蔑視が明らかに滲んでいます。婦人相談員は、まさしくその極端な例なのでしょう。

筆者は、支援拠点の配置数に非正規職員配置をかなりの割合で認めているのも同様の水脈なのではないかと推察しています。支援拠点の基準は、そうしたジェンダー格差をアプリオリとしたものなのではないのでしょうか。こうした相談体制は、今後の家族支援のあり方を見据えるとき、メスを入れる必要があるではないでしょうか。冒頭でも述べたように、また死亡事例でもそうであったように、依存の中でもがき苦しんでいる母親たちは虐待ケースではあまりに多いです。そうした母親の支援が、女性蔑視の構造を前提とした相談体制で行われるのは明らかな矛盾ではないでしょうか。

おわりに

滝川が言う《予防型・支援型》支援[*22]を強化していくためには、第2章でも述べられるように、子どもや家族のための支援のリソースを上積みしていくことは不可欠です。子どもや家族のための社会資源が「貧しい」中で、児童虐待を減らすことなどはできないはずです。子どもや家族の貧困の解決を含めた、生活状況の改善は大前提です。

一方で、本稿で述べてきた、児童福祉司や市区町村職員の人的配置や専門性を充実させていくことも子どもの権利保障の土台として重要です。加えて、児童相談所が今後「後追い型・摘発型」(つまりは表1の「枠組みづくりと介入的関与」）に先鋭化していけばいくほど、支援的な機能や役割をスリム化し、市区町村や他の機関に移譲することは予想されるところです。その場合、市区町村だけではなく、先に触れた婦人相談員を含めた、さまざまな子育て支援の事業所についても人員配置も含めた運営体制を充実させていかなければならないでしょう。そのなかでしか、本稿で叙述したような専門性は担保されないのだと思います。

子どもと家族の権利と将来を考えるとき、そうした社会や虐待相談体制を構想するべきだと思います。

注

1　山野良一『子どもに貧困を押しつける国・日本』光文社新書、2014年を改変。

2　津崎哲郎「児童相談所――その制度展開と役割の変遷」『都市問題』111号、2020年参照。

3　川松亮「児童相談所は何をするところなのか」『こころの科学』214号、2020年。

4　参考文献として川﨑二三彦「児童虐待防止法の改正と変わらぬ対応現場の困難」『世界』925号、2019年。

5　同前。

6　児童虐待対応ケースに応じた加算については、前々年の相談件数を基準としている。

7　この点については、第2章執筆の川松亮氏（元厚生労働省児童福祉専門官）も同意見であった。

8　滝川一廣「〈虐待死〉をどう考えるか」滝川一廣・内海新祐編『こころの科学・子ども虐待を考えるために知っておくべきこと』日本評論社、2020年。

9　児童福祉司のベテラン職員の養成という点で、国の財政的支援（地方交付税措置）には問題があることを筆者は指摘している。山野良一「自治体における子どもの貧困対策」山野良一・湯澤直美・松本伊智朗編『支える・つながる――地域・自治体・国の役割と社会保障』明石書店、2019年を参照。市区町村のベテラン職員養成についても同様に交付税措置には問題がある。本稿41頁も参照。

10 山野良一「児童相談所のディレンマ」上野加代子編『児童虐待のポリティックス』明石書店、2006年。

11 注9参照。また注9の山野前掲論文の表1参照。

12 上林陽治『非正規公務員のリアル』日本評論社、2021年。

13 中村圭介「多すぎるのか、それとも効率的か　日本の公務員」『日本労働研究雑誌』525号、2004年。

14 鈴木秀洋『市区町村子ども家庭総合支援拠点スタートアップマニュアル』明石書店、2021年。

15 滝川前掲論文。

16 同前、21頁。

17 池谷和子「米国における子ども虐待防止の法制度」滝川・内海編、前掲書所収。

18 山野前掲、2006年論文。

19 増沢高「子ども虐待対応の変遷とその国際比較」滝川・内海編、前掲書所収。

20 「困難な問題を抱える女性への支援のあり方に関する検討会」厚生労働省、2019年、資料「婦人保護事業の現状について」。

21 上林前掲書。

22 滝川前掲論文。

［謝辞］本稿は、JSPS科研費（課題番号20H01610）の助成を受けたものである。

第2章

子どもの虐待と児童相談所

川松　亮

はじめに

子ども虐待は、特異な状況で起こる特別な事例ではありません。子育てのさまざまな課題と地続きの問題であり、子育ての行き詰まりの帰結として生じるのです。その背景には、保護者や家族が抱えるさまざまな困難があります。就労の不安定、経済的な困窮、精神的な問題、家庭内の不和やDV、子どもや家族の疾患や障がいなど、その様相は多岐に渡り、しかもそれらが複合している場合が多いのです。それらに加えて、ひとり親家庭であったり非血縁の親子関係があったりする中での苦労や、海外にルーツを持つことからくる不利、あるいは社会的に孤立してサポートを受けられていないことなど、さまざまな生きづらさを併せ持っていることがあります。子ども虐待への対応には、こうした家族の困難を解消するための丁寧な支援が必要であり、そのために家族と支援者とのつながりを創り出すことが求められています。また一方で、地域におけるさまざまな子育て支援事業は虐待の予防にもつながるものです。その主体は、行政であるか民間であるかを問いません。

虐待という言葉には強烈なイメージが付きまといますが、現在においてはむしろ「不適切な養育状況」として幅広くとらえ、そのもとで暮らしている子どもたちの育ちを応援することを意識するようになっています。その意味で虐待問題としてとらえる事例のすそ野は広がっており、そのことが虐待相談事例の増加にもつながっているのでしょう。取り組みの核心は、養育における子どもの安全・安心を実現することですし、そのために家族機能を補完することを基本的な支援姿勢として、保護者を責めるのではなく、寄り添う姿勢を大切にしています。この支援を児童相談所だけで遂行することは不可能ですし、地域の多様な支援者とともに手を携え合って支援を展開しようとしています。

虐待問題がある養育環境で育つ子どもは、心理的・情緒的にさまざまな影響を受けて、その育ちに不利を抱え込むことが起こりがちです。その生きづらさは成人になったのちにも残って、人生を左右することすらあります。子どもたちが自己を大切な存在として認識し、自己実現に向かって前向きに暮らしを営んでいくことができるように、子どもを真ん中にした支援を継続的に行っていくことができなければなりません。現在の子ども虐待対応の仕組みがそれにかなっているのかどうか、私たちは真剣に点検をして改善することが必要です。

こうした取り組みの一環として、児童相談所による子ども虐待への対応があります。その取り組み内容は、児童相談所が行っている他のさまざまな相談と異なるものではなく、基本的には同様です。しかし、虐待事例において児童相談所が最初に家庭とコンタクトをとるときに、家庭からの相談があることは少なく、児童相談所の方から介入していくことが通常です。このため、相談の入り口における当事者への関与の仕方が他の相談とは異なっています。つまり、「招かれざる客」であり「余計なおせっかい」をすることになります。他の相談のように、保護者が困って自ら相談につながる事例はあまり見られません。こうした対応の入り口における関係構築の悩みを児童相談所職員は抱えながら、それでも何とか家庭との相談関係を構築するためにさまざまな努力を払って来ました。ただ児童相談所の対応がうまくいかなかった事例があり、そのことがマスコミでも大きく取り上げられて、児童相談所への社会の信頼を揺るがせてもきたのです。

その一方で、児童相談所が苦労しながらも支援を継続していることを積極的に評価する報道や、人的配置の少なさや体制的な脆弱さといった課題が存在することを指摘する報道も近年は増えています。実際に、児童相談所の職員は社会的使命を感じながら必死で働いていますが、対応すべきケース数の多さに比べてあまりに手が足りないため、十分な対応ができないというもどかしさを絶えず抱えています。

本稿では、児童相談所における子ども虐待対応の経緯をたどったあと、現在の児童相談所の取り組み状況についていくつかの側面から触れ、さらにこれからの児童相談所における虐待対応のあり方について提示することで、児童相談所における子ども虐待対応を考える上での一助となることを願って論を進めます。

1　児童相談所における子ども虐待対応の権限はどう強化されたか

(1)　児童虐待防止法制定まで

子どもの虐待相談は養護相談のうちの一つとして、戦後直後の児童相談所の事例の中にも見られていました。厚生省（当時）が発刊した児童相談所事例集の最初に当たる、１９４９年の『児童福祉事業取扱事例集』において、すでに「被虐待児童の事例」という報告が掲載されています。養護問題の一つの象徴的な事例として、子ども虐待事例への対応が継続して行われてきたといえます。

１９７３年には厚生省が「児童の虐待、遺棄、殺害事件に関する調査」を実施しており、同年度に全国の児童相談所が受理した虐待・遺棄・殺害事件は４０１件と報告されています。１９８３年には日本児童問題調査会が「全国児童相談所における家族内児童虐待調査」を行っています。虐待の種別は現在とほぼ同様に、身体的暴行、保護の怠慢・拒否、性的暴行、心理的虐待とされています。全数が４１６件で、身体的暴行が53・６％と最も多いこと、性的暴行が11・１％と現在よりもかなり比率が高いことが特徴です。１９８８年には全国児童相談所長会が「子どもの人権侵害例の調査及び子どもの人権擁護のための児童相談所の役割についての意見調査」の中で虐待事例調査を行っています。全数が１０３９件で、虐待種別の分類は、身体的暴行、棄児・置き去り、保護の怠慢、性的暴行、心理的虐待、登校禁止の６種類となっています。保護の怠慢が37・６％と最も高いのが特徴です。全国児童相談所長会は１９９６年にも「全国児童相談所における家庭内虐待調査」を行っていて、全数は２０１６件となっています。

厚生省が児童相談所の虐待相談件数を統計として公表し始めるのは、１９９０年度になってからです。*1 １９９０年度における全国の児童相談所の虐待処理件数は１１０１件でした。その後徐々に件数は増えていき、１９９７年度には５０００件を超えます。

一方で虐待死亡事例がマスコミで大きく取り上げられて、児童相談所の対応が適切であったのかが問われることが増えていきました。そこで厚生省は１９９７年に、「児童虐待等に関する児童福祉法の適切な運用について」（平成９年６月20日厚生省児童家庭局長通知）を発出します。その内容は、立入調査や家庭裁判所への申し立てなど児童福祉法に設けられている規定の適切な運用を促すことや、保護者等の同意がなくても一時保護を採るなど、子どもの福祉を最優先した対応を図ることを求めるものでした。この通知は、その後に続く介入的なソーシャルワークへの道を開くものとなり、児童相談所の取り組み姿勢の大きな転換を強いるものとなりました。１９９９年には厚生省から『子ども虐待対応の手引き』（平成11年３月29日厚生省児童家庭局企画課長通知）が出され、児童相談所の対応のあり方が詳細に解説され、児童相談所にとって虐待問題が大きな取り組み課題であることを意識づけることになりました。

⑵　児童虐待防止法制定以降

２０００年５月17日、「児童虐待の防止等に関する法律」（以下、「児童虐待防止法」）が議員立法により成立しました。「児童相談所への虐待に関する相談件数が年々増加の一途をたどっているなど児童虐待に関する問題が深刻化しており、児童虐待の早期発見・早期対応及び児童虐待の被害を受けた児童の適切な保護を行うことは喫緊の課題となっている」（「『児童虐待の防止等に関する法律』の施行について」平成12年11月20日厚生省児童家庭局長通知から引用）という認識のもとに、児童虐待の定義、国及び地方公共団体の責務、児童虐待の早期発見、児童虐待に係る通告、立入調査などについて定められました。以降、本法は児童福祉法とともに児童相談所における子ども虐待対応の基本法となります。なお、同年の児童相談所の児童虐待相談対応件数は1万7725件でした。

児童虐待防止法は、これ以降数回にわたり改正が行われ、介入的な性格の強い機能が強化されていきました。また法律改正以外でも、虐待死亡事例が発生する毎に、児童相談所の対応の徹底を求める通知が厚生労働省から発出されました。その経過を以下に振り返ります。

① 2004年児童虐待防止法改正

2000年制定の児童虐待防止法には附則として3年後の見直し規定が設けられていました。そのため児童虐待防止法改正が進められるとともに、あわせて児童福祉法が改正されました。同年の児童福祉法改正は市区町村を子ども家庭相談の第一義的窓口として位置づけ、地域ネットワークである要保護児童対策地域協議会を法定することによって、日本の子ども家庭相談を児童相談所一極集中から市区町村と児童相談所との二層制に変えるという、コペルニクス的な転換が行われた法改正でした。

児童虐待防止法改正においては、虐待の定義が拡大され、第6条で通告の対象が「児童虐待を受けたと思われる児童」(傍点筆者)とされ、児童虐待の疑いがあれば通告しなければならないこととされました。また、第2条では同居人による虐待の放置をネグレクトに加え、配偶者に対する暴力を心理的虐待に加えました。その後の児童相談所の虐待相談対応件数に大きく影響を与える改正となります。また児童福祉法改正では、家庭裁判所の承認を得て行う入所措置を有期限化し、その更新の申し立てが制度化されました。児童相談所にとっては法的対応事務が拡大されることになりましたが、子ども虐待対応における司法関与が少し進むことになりました。

なお、同年における児童相談所の虐待相談対応件数は3万3408件でした。

② 2007年児童虐待防止法改正

2004年児童虐待防止法改正でも附則として3年後の見直し規定が設けられました。特に子どもの安全確認の方法について検討がされることになりました。施錠されて介入ができなかった家庭内で虐待死亡事例が発生したこともあり、2007年の改正では、解錠を伴う立入調査を可能とする、臨検・捜索の制度が導入されることとなりました。臨検・捜索に至る手続きとしては、出頭要求・立入調査・再出頭要求を経たうえで裁判所の許可状を求める方法がとられました。また、面会・通信の制限についても強化されました。これらにより、児童相談所の権限がさらに拡充され、介入的なソーシャルワークが押し進められていくこととなりました。

なお、同年における児童相談所の虐待相談対応件数は、4万639件でした。

③　２０１１年民法・児童福祉法改正

２００７年の児童虐待防止法改正では、附則として、３年以内に親権に係わる制度の見直しを行うこととされていました。そこで法務省に「児童虐待防止のための親権制度研究会」が設置されて検討が行われ、その報告書を基に法制審議会で民法改正が検討されました。あわせて、厚生労働省でも児童福祉法の改正の検討が進められました。

その結果、民法改正により親権停止制度が新設されるとともに、法人又は複数人の未成年後見人選任が認められました。また児童福祉法では、施設長の権限と親権との関係が整理され、施設長が子どもの福祉のために必要な措置を採る場合に親権者はそれを不当に妨げてはならないとされました。また、里親等委託中及び一時保護中の子どもに親権者がいない場合の児童相談所長の親権代行が規定されました。こうして、児童相談所に親権制限の選択肢が増え、法的対応を的確に行うための体制整備の必要性が増すこととなりました。

④　48時間ルールなどの厚生労働省通知

児童虐待防止法制定後にも、重大な虐待死亡事例は引き続き発生しており、特にマスコミで大きく取り上げられた事件の発生後には厚生労働省から通知が出されることが常でした。その内容は、児童相談所の権限を迅速的確に行使することを求めるものでした。

例えば、京都府京田辺市における死亡事例発生後の２００７年には、通告受理後おおむね48時間以内に安全確認を行うという、いわゆる「48時間ルール」が導入され、児童相談所はその対応に追われることとなりました。また、２０１０年の東京都江戸川区での死亡事例後には、学校と市区町村、児童相談所との連携が十分でなかったことが指摘され、「学校又は保育所から市町村又は児童相談所への定期的な情報提供」を行うように通知されました。さらに、同年の大阪府西区の死亡事例発生後には、安全確認の徹底を求める通知が出されました。

こうして死亡事例が発生するたびに、児童相談所の安全確認や一時保護、立入調査などの権限の積極的な行使を徹底するように推進されてきたのです。

(3) 近年の国の施策動向

前項までに述べたように、虐待相談対応件数の増加と死亡事例の継続的発生に押される形で、児童相談所における子ども虐待対応の介入権限強化と対応の徹底が推進されてきました。その動きがさらに大きな展開を迎える契機となったのが、２０１６年3月に厚生労働省の専門委員会が出した「新たな子ども家庭福祉のあり方に関する専門委員会報告書」[*2]です。この報告書では、虐待予防や市区町村の体制整備から社会的養護における自立支援に至るまで広範な課題が検討され、提言がまとめられました。

それを受ける形での児童福祉法改正が２０１６年5月に行われました。この法改正は、国連子どもの権利条約の理念を児童福祉法に取り込んだ画期的な改正でしたが、同時に市区町村と児童相談所の体制強化が図られ、児童相談所においては、特別区における児童相談所設置が可能となったり、児童相談所への弁護士配置や児童福祉司スーパーバイザーの配置などが定められました。さらに、18歳以降満20歳未満の者への対応方法の拡大が行われ、支援の幅が広がることとなりました。

これらの法改正の動きの背景には、児童相談所が子ども虐待事例に迅速で的確な対応を行えていないという国会議員や有識者の認識があり、その専門性の強化が大きな課題とされたことがあげられます。どちらかというと児童相談所の現場の声から上がってきた改正というよりは、上からの児童相談所改革が行われることになったといえます。

その後2019年度までの4年間に、実に3回の児童福祉法・児童虐待防止法改正が行われました。そのために厚生労働省では多くの委員会やワーキンググループが立てられて、子ども虐待への対応のあり方が各方面から検討されました。例えば2017年の法改正では、親権者の同意なく2か月を超えて一時保護を行う場合に家庭裁判所の承認を求めることが定められたり、接近禁止命令の範囲が拡大されました。また2019年の法改正では、体罰禁止が法定化されたり、児童相談所で一時保護等の介入を行う職員と保護者支援を行う職員とを分ける措置を講じることなどが定められました。

この間には法改正と並行して、児童相談所の人員配置体制の拡充も急ピッチで進められることとなりました。児童相談所の人員配置が少ないために適切な対応が行えていないという認識から、国では2016年4月の「児童相談所強化プラン」を始めとして、児童福祉司や児童心理司の計画的な人員配置増を推進することとなりました。欧米に比べて人員配置が圧倒的に少なく、一人の職員当たりの持ちケース数が多い日本の実情にとっては大変歓迎すべきことです。ただその結果として、各自治体では多くの新任職員を児童相談所現場に迎えることとなり、その養成のあり方が大きな課題として登場することとなりました。

こうした国主導での施策展開をさらに徹底して推進させることにつながったのが、2018、2019年に相次いで起きた東京都目黒区、千葉県野田市、札幌市などにおける虐待死亡事例でした。これらの事件を通じて、児童相談所の安全確認の不十分さやアセスメントの不備、あるいは学校など他の機関との情報共有や連携の不足、さらには自治体を超えて事例を移管する際の不手際などが指摘され、それらの徹底強化のための通知が何度も大量に発出されることとなりました。

これら2016年度以降の施策展開の早さは今までにないものでした。この間の動きを評するなら、目まぐるしく展開される国の施策に児童相談所現場は翻弄され、それらを使いこなし定着させる間もなく対応に追われる状況であったといえます。

そして現在、国で検討されている主な課題は3つあげられます。すなわち、児童福祉司の専門性の強化、一時保護に関する法的手続き、子どもの意見表明を受け止める仕組みの3つです。いずれも、2019年法改正の附則で、年限を示して検討することが規定されています。今後もまた大きな施策の展開が予想されています。

2　児童相談所は子ども虐待にどう対応しているか

(1)　虐待相談の現状

全国の児童相談所における子ども虐待相談対応件数は、１９９０年度の統計開始以来、毎年度増加してきています（図1）。その推移の中でも、大きく報道される死亡事例が発生した年には増加幅が大きい傾向がみられます。ところで、このグラフにみるような件数増加が、虐待そのものの増加を意味しているのかどうかは不明です。かつて氷山の一角といわれた子ども虐待ですが、市民社会への周知が進むことで虐待事例の発見が進み、通告につながりやすくなったために件数が増加してきたものと考えられています。その意味では、支援が必要な事例に児童相談所が関わることができるようになったと肯定的に捉えることもできるでしょう。

なお、虐待相談対応件数とは、児童相談所が会議において虐待として認定した上で援助方針を立てた事例の件数のことです。したがって、虐待通告を受けたものの、調査した結果、虐待については非該当と判断した事例は含まれていません。つまり、この虐待対応件数よりも、実際に通告を受理して調査や安全確認を実施した事例数はさらに多いわけです。児童相談所は虐待通告受理後おおむね48時間以内に安全確認を行うことが求められており、これだけの件数の調査活動を行うことに、相当に手足を取られているのが実態です。他の予定をキャンセルしてでも、緊急対応を遂行してい

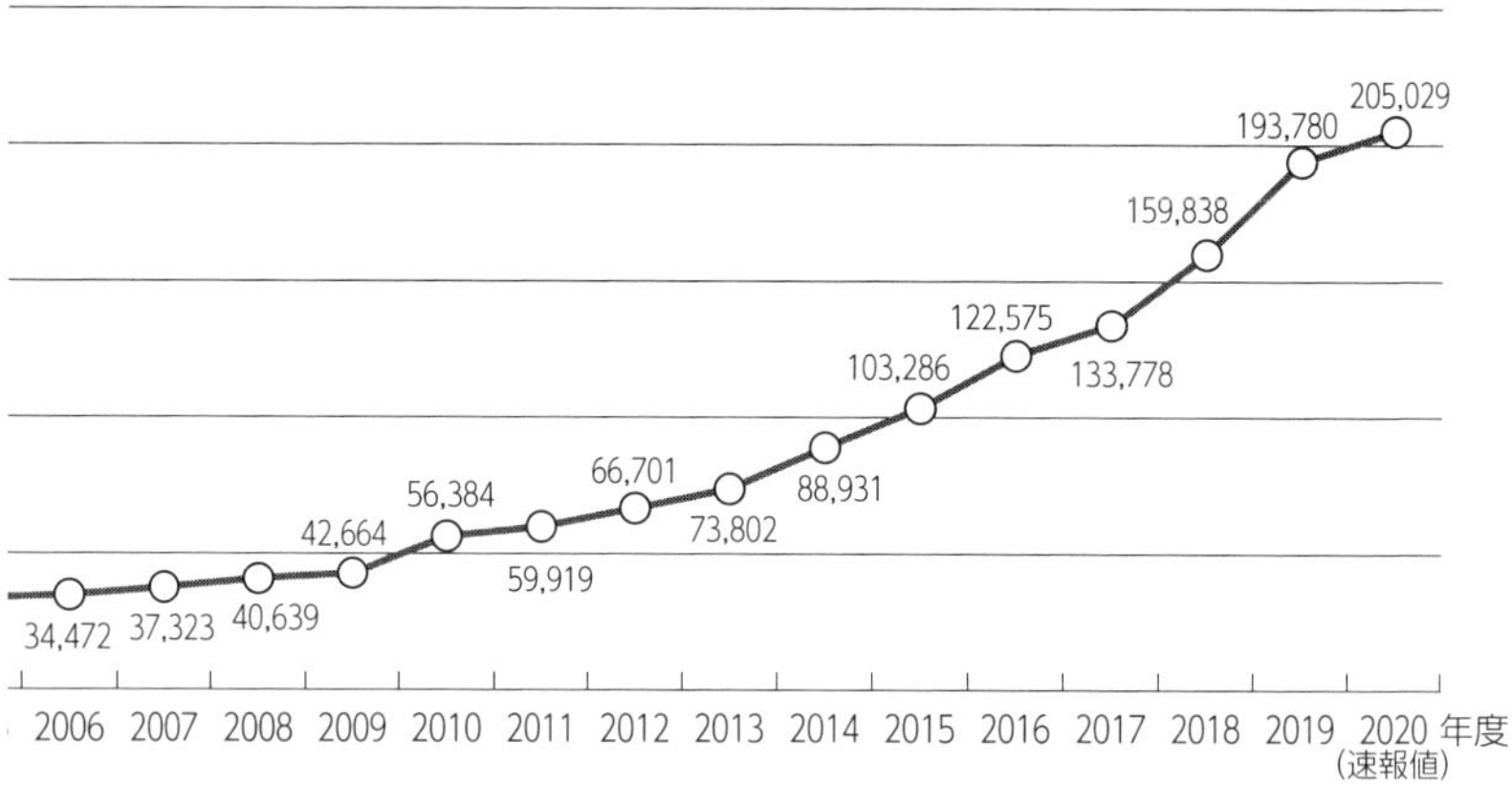

子ども虐待相談対応件数の推移

報値)」から筆者作成。

かなければならないのです。

一方で、全国の児童相談所における児童福祉司の配置人数の推移が**図2**です。**図1**の虐待相談対応件数の増加状況と対比してください。虐待相談対応件数では、2000年度（児童虐待防止法が施行された年）に比して2020年度の件数が17・6倍となっています。それに比して、**図2**にみる同じ期間の児童福祉司数の比率は3・5倍です。虐待対応件数の増加に児童福祉司の配置増が全く追いついてこなかったことが明白です。

ところで**図1**をみると、2013年前後から虐待相談対応件数の増加幅が以前にも増して大きいことに気がつきます。これには理由があります。そのことを説明するために、虐待の種類別に相談対応件数の推移を追ってみます。それが**図3**です。

図3をみると、児童相談所の子ども虐待相談対応件数の近年の増加は、心理的虐待の増加によるものであ

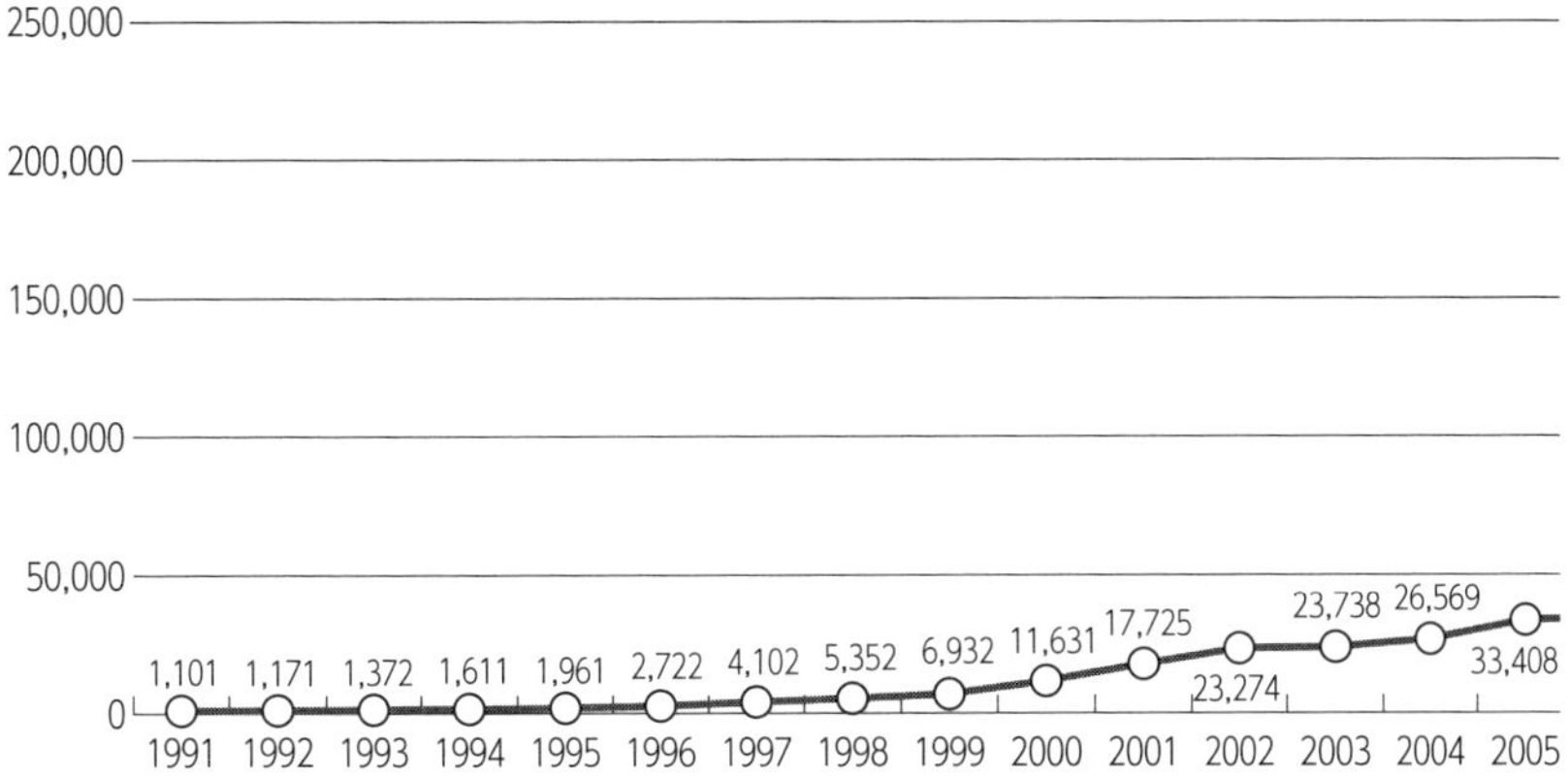

図１　全国の児童相談所における

出所：厚生労働省福祉行政報告例各年版及び令和２年度「児童相談所での児童相談対応件数（速

ることがわかります。この心理的虐待がどの機関から通告されてきているかをみるとさらに特徴が明らかになります。例えば２０１９年度の場合、心理的虐待の相談対応件数10万９１１８件のうち、相談経路が警察等であるものは７万３３４件と64・５％を占めています。虐待相談全体でも、警察署等からの経路の相談が、２０１０年度には約16％でしたが、２０１９年度には約56％となっています。近年は警察署等からの通告経路の比率が著しく増加していることが特徴ですが、それに合わせて心理的虐待の相談件数が増加していることが分かります（以上のデータは、２０１９年度厚生労働省福祉行政報告例から）。

なお、２０１９年の警察署等からの通告数は９万８２２２件となっており、そのうちで心理的虐待の件数が７万７２１件を占めています。そしてさらに、その心理的虐待の内、４万２５６９件（警察通告全体の43・３％）がいわゆる「面前ＤＶ」と称される虐待事

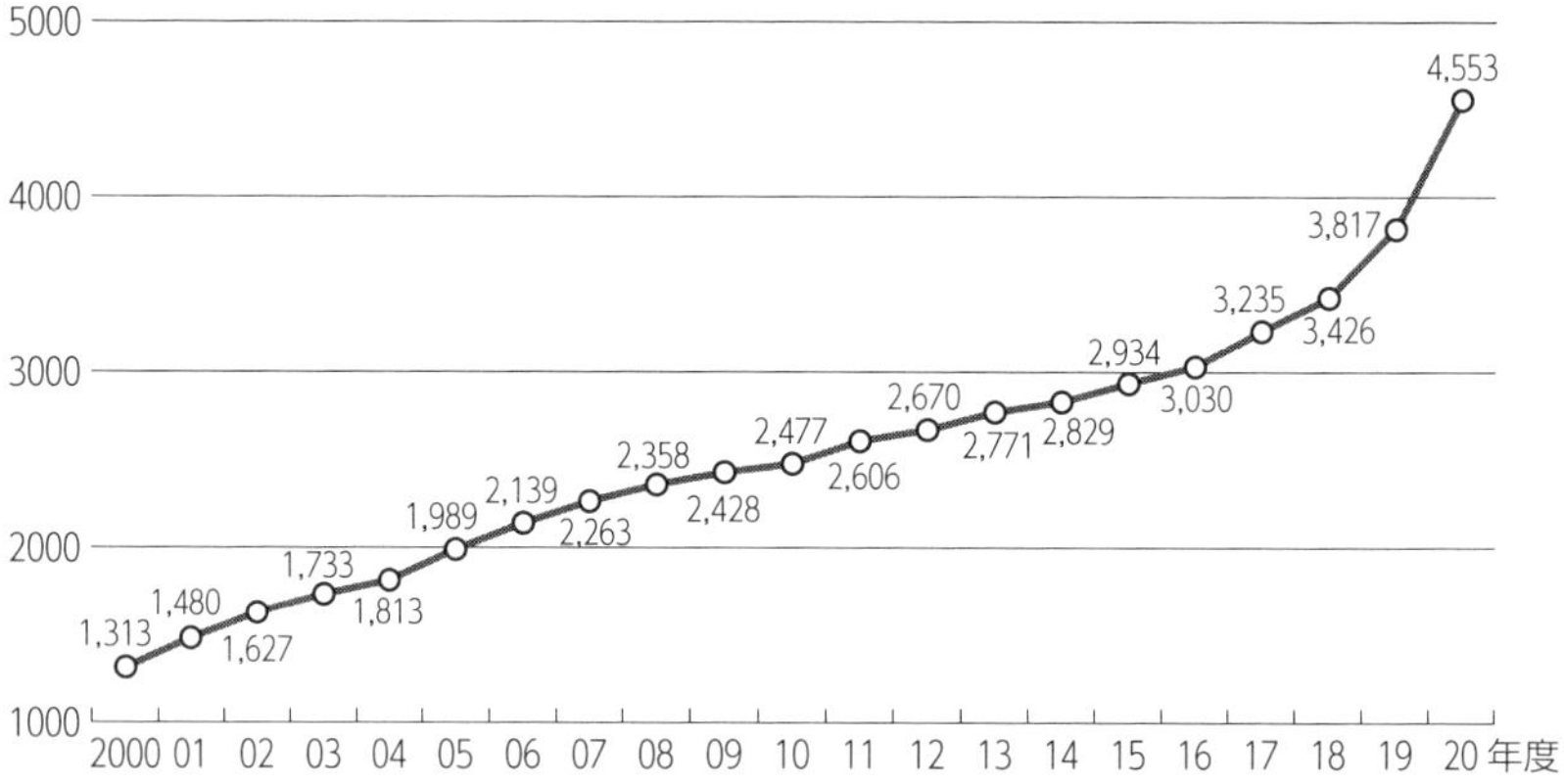

図2　全国の児童相談所における児童福祉司の配置人数の推移

出所：厚生労働省全国児童福祉主管課長・児童相談所長会議資料各年版から筆者作成。

例です。*3

１節でみたように、２００４年の児童虐待防止法改正で虐待の定義が拡大され、配偶者間暴力のある環境で子どもが養育されることが心理的虐待として位置づけられたのですが、警察署がＤＶ対応をする中で、子どもについては心理的虐待として通告される事例が増大し、今ではそれが児童相談所の虐待相談対応件数の多くを占めるまでになっているのです。近年の虐待相談対応件数増を押し上げている要因はここにあります。

(2)　市区町村と児童相談所との対応区分

現在の日本における子ども家庭相談は、１節で述べたように市区町村と児童相談所との二層制で行われています。本書１章でもふれていますが、両者がともに、相談や通告の窓口となっており、同じ事例を双方で受理して対応している場合もあります。このことは、相談・通告する側からすると違いが分かりにくく、また市区町村と

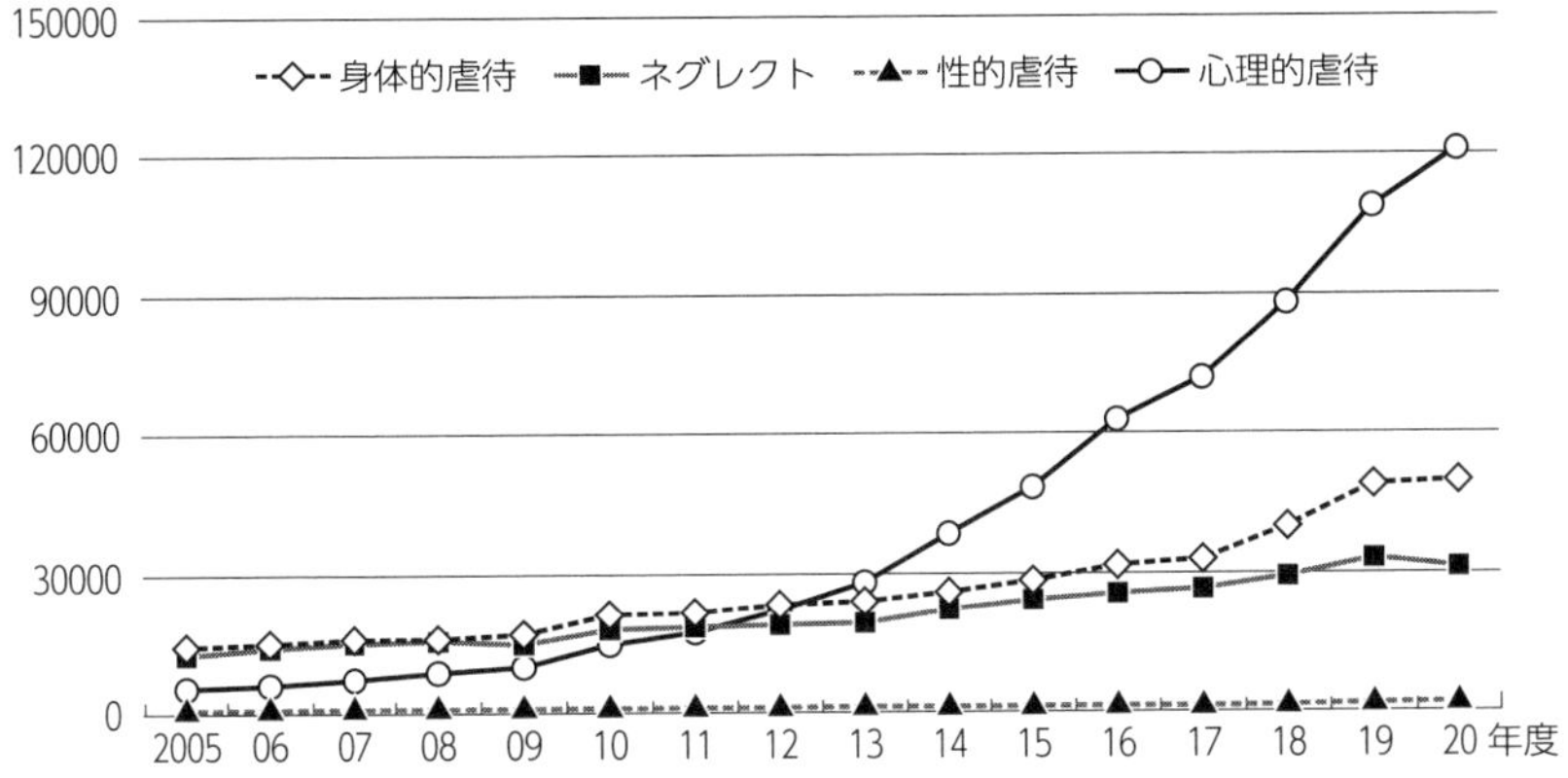

図３　児童相談所における子ども虐待の虐待種類別件数の推移

出所：厚生労働省福祉行政報告例各年版及び令和２年度「児童相談所での児童相談対応件数（速報値）」から筆者作成。

児童相談所にとっても、両者の対応の調整が必要となり、時に支援の考え方に食い違いが起こることもあります。

　この関係性を整理するために、２０１６年の児童福祉法改正では、市区町村は「児童の身近な場所における児童の福祉に関する支援」を行い、一方で児童相談所は「市町村に対する必要な助言及び適切な援助」及び「専門的な知識及び技術並びに各市町村の区域を超えた広域的な対応が必要な業務」を行うこととされました（児童福祉法第３条の３）。

　ここで、児童相談所に求められる「専門的な知識及び技術」とは何でしょうか。市区町村には専門的な知識及び技術は求められないのでしょうか。現在市区町村では、さまざまな子育て支援サービスを整備してそれを子育て家庭に提供しながら、子育てに寄り添って支援するサポート機能が強められています。市区町村は、こうしたサービスを子どもと家庭につなげ、それをコーディネートし調整するという点で、専門的な知識や技術が当然に求められていると考えられます。またそのために、子どもと家族の状況を適切にアセスメントして支援方針を定めることも必要ですし、その点での力量に児童相談所との相違はないでしょう。

すると、児童相談所における市区町村とは異なる専門性とは何かということになります。児童福祉法では、市区町村は「医学的、心理学的、教育学的、社会学的及び精神保健上の判定を必要とする場合には、児童相談所の判定を求めなければならない」（児童福祉法第10条）と定めています。児童相談所には児童心理司や児童精神科等の医師がおり、それら専門職の診断を基に援助を実施することができます。こうしたクリニカルな機能は児童相談所が伝統的に蓄積してきた専門的な力量といえるでしょう。また、児童相談所でなければ行使できないさまざまな権限（子どもの一時保護や立入調査、家庭裁判所への審判申立てなど）があります。これらの行政権限を的確に行使して、子どもの安全の確保や支援を行っていくことが、児童相談所には求められているのです。以上のような機能を充実させ、それらを適切に活用した支援を行っているかどうかが、児童相談所の専門性ではないかと考えます。

ところで、市区町村と児童相談所との事例の対応区分については明確な基準がなく、それぞれの事例に対して、どちらの機関が対応すべきか、という点で混乱がみられることが多くありました。**図4**は厚生労働省『子ども虐待対応の手引き』に記載されている、虐待相談の重症度別の対応について示した図です。この図にみるように、市区町村はポピュレーションアプローチといわれるすべ

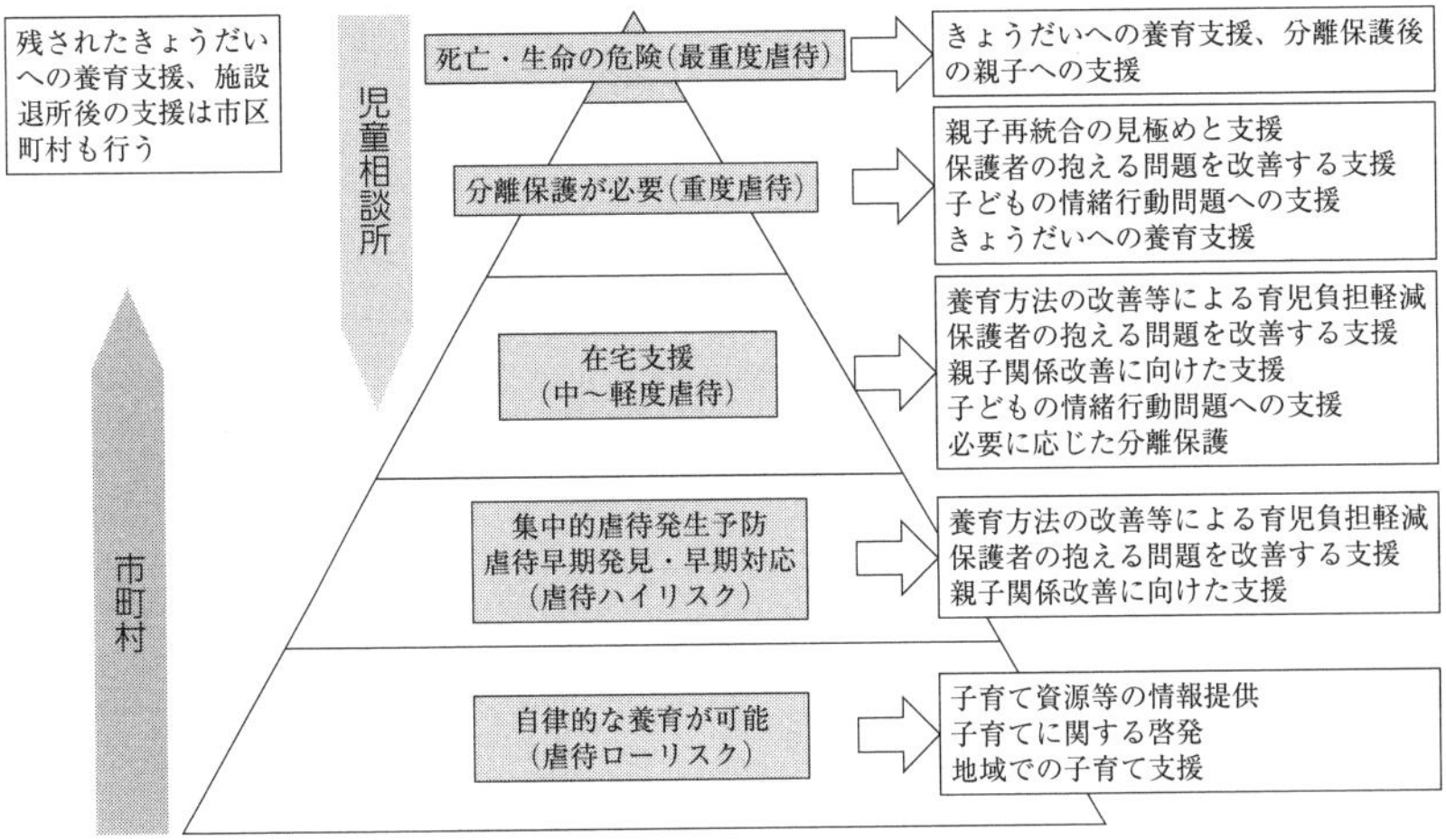

図4　虐待の重症度等と対応内容及び児童相談所と市区町村の役割

出所：厚生労働省『子ども虐待対応の手引き』平成25年8月改正版。

ての子育て家庭から中～軽度の虐待事例までに対応し、児童相談所は中～軽度の虐待事例から最重度の虐待事例に対応するように示されていますが、両者の対応範囲には重なりがみられます。

近年では、児童相談所虐待対応ダイヤル「189（いちはやく）」の開始に伴い、泣き声通告などの軽度の虐待事例が児童相談所に集約されることとなり、従来は市区町村が対応することとなっていた身近な子育て相談までが児童相談所につながることとなりました。2004年から進められてきた市区町村と児童相談所との事例の対応区分に関する考え方に齟齬が生じてきたと言えるでしょう。*4 また、前述のようにDVに関連した警察署からの心理的虐待通告が増えましたが、これには相当数の軽度の事例が含まれており、児童相談所は泣き声通告や警察署からの心理的虐待通告といった軽度の虐待通告への安全確認作業に追われる事態が生まれてきました。

一方で市区町村は徐々に対応の力量を高めてきており、対応力のある市区町村ほど、管内の各機関（保育所や学校等）からは、まずは市区町村子ども家庭相談担当（市区町村子ども家庭総合支援拠点）に相談・通告するという流れが生まれてきていました。こうした子どもの所属機関等からの通告は、ネグレクトの事例など、複雑困難な背景を抱えた事例が多く含まれており、市区町村も重症度の高い事例に対応せざるを得なくなっています。こうして、市区町村と児童相談所との対応事例の区分があいまいで、対応すべき機関との間でのミスマッチが起こってきたといえます。

そこで今後は、市区町村と児童相談所との事例対応区分を整理し、明確化していくことが求められるとともに、両者が互いに事例を押し付け合うのではなく、双方が重なりい合いながら協働して対応する仕組み作りが求められていると考えます。実際にいくつかの自治体では、児童相談所が受理した事例でも、泣き声通告や警察署からの心理的虐待通告については市区町村に対応を移すルール化が進められています。また、両者が一緒に動き、アセスメントを共有しながら、それぞれが行える支援を検討する取り組みも模索されています。*5 市区町村で対応が困難な事例については、もともと児童福祉法で児童相談所への送致の仕組みがあり、これがスムーズに行われる必要もあります。

以上のような調整を行うためには、両者が十分に協議し、双方が納得した上で事例の主担当機関を決定したり共同で対応したりすることが必要となります。そのためには、共通のアセスメント基準を用いて協議をすることや、顔を合わせて協議をしたり、同行や同席によりケース対応をするなどの丁寧な取り組みが求められます。これらの調整は、市区町村それぞれの人員体制や地域資源の多寡、対応力の状況などにより異なり、一律ではありません。児童相談所はそれぞれの市区町村に合わせてこうした検討を行っていく必要があります。市区町村と児童相談所が共有するアセスメントシートの開発や一定の対応区分基準の整備も必要です。このような取り組みを充実させていくことが求められているといえます。

⑶ 児童相談所における子ども虐待対応の基本姿勢

子ども虐待が起こる背景として、家庭がさまざまな生活上の困難を抱えていることがあげられます。そうした困難を複数抱え、しかも身近にサポートしてもらえる支援者を持たずに孤立している事例が多いのも現実です。保護者自身が成育歴の中で十分な支援を受けてこなかった場合には、支援を受けることで良いことがあると思えない状況に至っていて、人を頼ることができにくくなっていることも多いものです。ＳＯＳが出せなかったり、相談できない状況になっている方が多いのです。

子ども虐待の支援においては、こうした保護者を責めるだけでは状況を改善することにつながりません。まずは、家庭が抱える課題が何なのか、どういう構造の下に虐待の問題が生じているのかを考えることが必要となります。そのために、子どもや家族の歴史、現在の生活状況などを丁寧に調査して、子どもや家族の思いを丁寧に聴かせていただき、児童相談所として家庭背景の構造的な理解を深めることが必要です。

その上で、家庭が抱えている困難に一つ一つ対応し、可能な限りの補完的なサポートを入れていき、そのために支援者たちとのつながりを構築しいていかなければなりません。そもそも頼ることができなかった方たちに対して、丁寧に話を聴きながら状況を変えていけることを伝え、支援につなげていかなければなりません。このような対話を繰り返しながら、寄り添って支援を続ける姿勢が必要です。支援サービスの多くは市区町村が保有しているため、児童相談所と市区町村の関係機関とが一緒になって取り組むこともまた大切になります。児童相談所には、子どもや家族と丁寧に対話し、子どもと家族の状況を的確にアセスメントした上で、支援ネットワークを構築していく高い力量が求められるのです。

保護者が虐待行為を繰り返さないために、ペアレントトレーニングや心理教育等のプログラムによる支援が有効な場合もあります。しかしそれらは万能ではなく、まずは生活の基盤が確立しており、生活にゆとりが持てて、保護者が課題と向き合えることが必要です。また、保護者に精神疾患があったり、心の安定を保てないような状況がある場合は、そのための医療やカウンセリングなどによる支援が優先されます。そうして生活や精神的な安定が図られたうえで、ペアレントトレーニングや心理教育などのプログラムを実施することが有効となります。ペアレントトレーニングなどの一定のコースを修了したことで、事態が改善されるわけではありません。また、ペアレントトレーニングにはさまざまな手法があり、事例に応じて適応も異なってきます。こうしたプログラムを導入したことで保護者の状況がどう改善されたかのアセスメントが重要であり、それに基づいて支援方針を見直していくことが必要となります。

こうした支援の計画に、子どもや家族が関与できることもまた大切です。支援が押し付けにならないために、また当事者である子どもや家族が前向きな気持ちで暮らしを営めるように、支援関係者との協議の場に参画していくことができるとよいのです。こうした取り組みを応援ミーティングなどの名称で行い始めている自治体もあり、経験を交流しながら広げていくことが求められています。また、子どもや家族に対して、児童相談所の考え方や今後の支援の見通し、その結果どうなることが予想されるのかといった点を丁寧に伝えていくことも大切です。子どもや家族にとっては、説明がされないことや見通しがないことが最も不安になる要因です。この作業を丁寧に行っていくことが、子どもや保護者から児童相談所への信頼にもつながっていきます。

児童相談所の専門性は、児童相談所内の多職種によるチームによって維持されています。これらの専門職がそれぞれの知見を持ち寄ってアセスメントをし、支援方針を立てて対応していきます。一人の職員だけの判断では間違うことがありえますが、組織の力によってそれを修正し、より良い支援方策を編み出していくのです。この組織的対応が児童相談所の生命線であり、組織として判断することを忘れてはなりません。

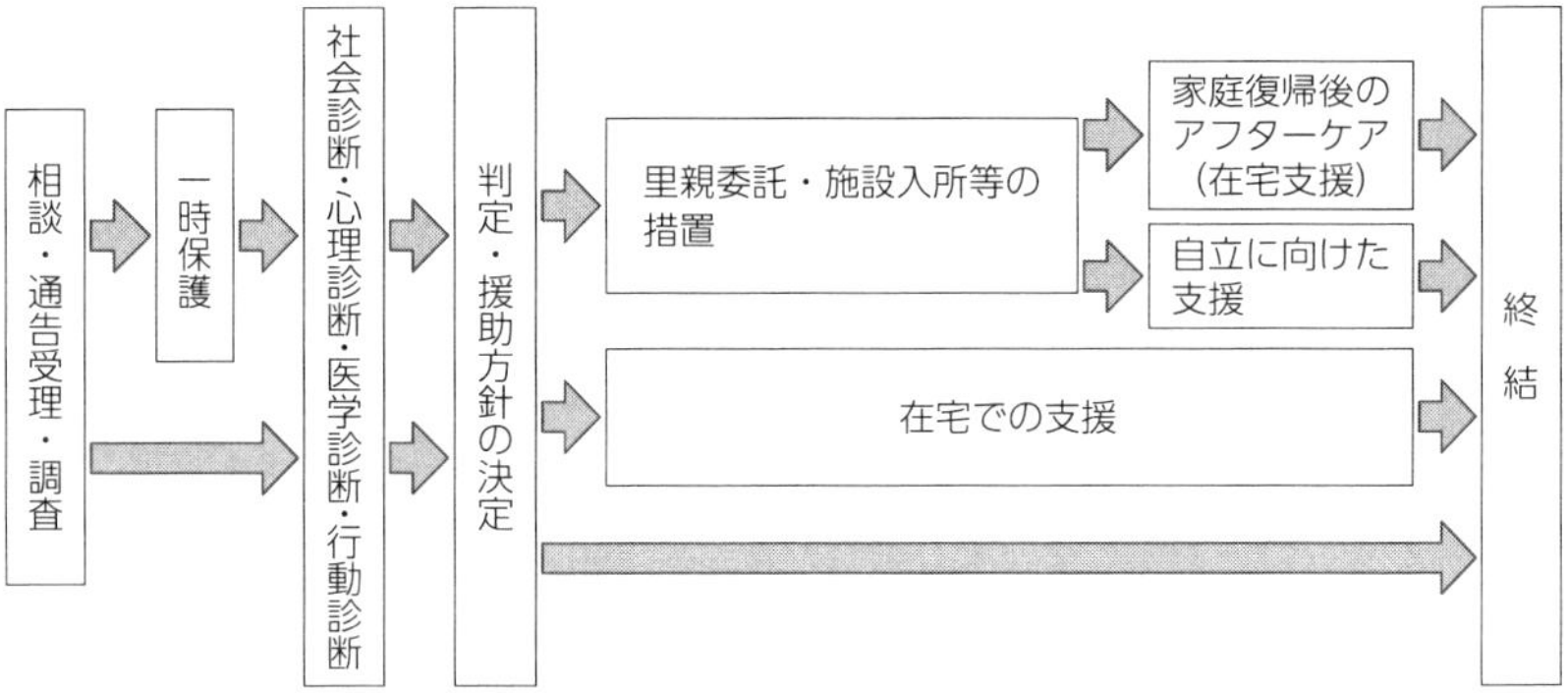

図5　児童相談所のソーシャルワークの流れ

出所：筆者作成。

(4) 児童相談所の虐待対応の流れ（図5参照）

① 通告受理から調査へ

児童相談所は虐待相談や通告を受けると、子どもや家族に関するできる限りの情報を素早く収集して、緊急受理会議を開催します。この段階での情報は、子どもの所属機関（保育所や学校等）あるいは家族に係わっている機関に問い合わせ、情報提供を受けます。緊急受理会議では、当面のリスクアセスメントを行い、今後の調査の方針を定め、担当者を決定します。この段階でのリスクアセスメントが適切に行われていないと、迅速な一時保護を行うことができず、子どもの安全を守れないことにつながってしまいます。絶えず緊張感を伴って判断を行うこととなります。

なお、虐待に関する情報提供は通告という形で入ってくるとは限りません。一般的な子育ての相談などの中にも、虐待として対応した上で子どもの安全を図る必要のある事例が潜在していることもあります。それを見逃さずに、緊急受理会議開催へとつなげることのできるアセスメント力を、個々の児童相談所職員はつけておかなければなりません。

調査においては、子どもの安全を目視で確認することが原則とされています。さらにこれを原則として48時間以内に実施する（自治体によっては24時間以内としているところもあります）ことが求められています。また安全確認を始めとして、子どもや家族と直接会って調査する場合には、複数職員で対応することが基本となっています。以上のような作業を迅速に行うことが児童相談所に求められており、そのために相当の人手と時間を費やすこととなります。

この安全確認におけるリスク判断は重要であり、リスクを低く見積もったことが、のちのちまで影響して、重大な事態を見逃してしまうという事例が発生しています。一度の家庭訪問のみでの判断では不十分であり、継続的に調査を行って、状況の変化を把握することが大切です。

虐待が疑われるものの、家庭における安全確認が行えない場合には、児童相談所長の判断で立入調査を行うことができます。また、解錠を伴う安全確認が必要な事例では、裁判所の許可状を得て行う臨検・捜索を実施することができます。児童相談所はこれらの法的な権限を行使して、子どもの安全の確認と保護を行うことが求められており、その判断を的確に行わなければなりません。また こうした対応を強化するために、弁護士の配置が進められています。

一時保護は児童相談所長の判断で行うことのできる強力な権限です。児童福祉法では一時保護の目的として、「児童の安全を迅速に確保し適切な保護を図る」ことと「児童の心身の状況、その置かれている環境その他の状況を把握する」ことの二つを示しています。すなわち、安全の確保とアセスメントです。その必要があると児童相談所長が判断した場合に、実施することができるのです。一時保護に際しては、子どもや保護者の同意は必要ありません。この一時保護の権限を的確に行使できるかどうかが児童相談所に問われています。

一時保護は保護者との対立関係を生み出しやすいものです。そのため、その後の支援関係に移行しにくい事例が多く見られます。そこで、一時保護に代表される介入的な関与と、その後の継続的な支援とをスムーズにつなげるために、どのように対応するかが課題となってきました。また、一時保護による保護者との対立を緩和するため、第三者の仲介を必要とする見解があり、欧米にみられるように裁判所が一時保護の適否を判断する制度の導入を求める意見が出されてきており、現在国でも検討が進められています。

② 各種診断から援助方針の決定へ

調査活動は児童相談所内の各職種が関与して行います。児童福祉司は関係機関からの情報を収集したり、子どもや家族と直接面接するなどして、社会的な側面から問題の理解を深める社会診断を行います。また、児童心理司は各種の心理検査を基に、子どもを心理面から診断します。場合によっては児童精神科医が面接して、医学的な診断も行います。子どもを一時保護した場合には、一時保護所の職員が行動面から子どもを診断します。これらの調査結果を集約し、児童相談所の会議において総合的な判定を行い、児童相談所長のもとで援助方針を決定することとなります。

援助方針としては、1回から数回の面接ないしは家庭訪問により終結する助言指導、継続的な通所や家庭訪問等により在宅で支援する継続指導、同じく在宅での支援であるが行政処分として指導措置をとる児童福祉司指導、児童家庭支援センターや市区町村などへの指導委託、あるいは里親への委託や施設入所措置、他機関のあっせん、市区町村への送致などがあります。

２０１９年度の厚生労働省福祉行政報告例からそれらの比率をみてみます。２０１９年度の子ども虐待相談対応件数の内、児童相談所の対応の種類別の割合は、助言指導が65・０％と三分の二程度を占めています。次に多いのが継続指導で20・６％です。一方で里親委託と施設入所をあわせても2・５％です。家庭からの分離が援助方針となる事例はわずかであり、ほとんどの事例が在宅での支援になっていることがわかります。なお、２０１９年度の虐待相談の内、一時保護がとられた事例は15・６％です（以上のデータは、２０１９年度厚生労働省福祉行政報告例から算出）。

里親委託や施設入所措置を選択する場合、児童福祉法上では親権者の同意がなければそれらの措置を採ることができません。それでも児童相談所がそれらの措置を必要と考えるときには、児童福祉法第28条による家庭裁判所への審判申立てを行う必要があります。

③　援助の実施から終結へ

在宅での支援となる事例が多いことを記述しましたが、この支援を児童相談所だけで行うのでは不十分です。適切な養育環境が維持されるように支援するためには、地域の機関が多方面から関与してサポートしなければなりません。そこで市区町村の支援ネットワークである要保護児童対策地域協議会（以下、要対協）につなげ、関係機関と協働での支援を構築することとなります。この要対協の場で、情報が適時に共有され、支援の調整がなされることが必要であり、支援の網の目から漏れるようなことが起こらないようにしなければなりません。連携がうまくいかなかったために重大な事態を招いてしまう事例が見られるため、児童相談所はそのコーディネートを的確に行っていくことが求められます。

子どもと家族をどこかの機関が見守っているだろうという依存的な姿勢や、何とか養育できているだろうと甘く見立ててしまうアセスメント不足などにより、リスクを見落としてしまうことにつながります。家庭状況の変化に機敏に対応できるように、アセスメントを絶えず見直すための進行管理を十分に行うことが大切です。

里親委託や施設入所措置を採った事例では、家庭の養育環境を整備するとともに、親子関係の修復を図って、子どもが再び家庭で養育できるように支援を行います。この支援においても、施設等の子どもの所属機関との協働関係が欠かせませんが、地域の支援により家庭環境を整えることも必要となり、そのための地域機関との連携協働も必要となります。児童相談所は、家庭復帰が可能かどうかを判断しながら、そのための支援目標を定め、短期と中長期の目標に分けて、子どもと保護者に説明し、見通しを示しながら支援を行っていかなければなりません。この支援プログラムをわかりやすく視覚化するといった手法の工夫も大切になります。

家庭復帰が困難と判断される事例では、子どもと保護者が異なる場所で生活しながらも親子関係を再構築する支援や、あるいは親子間の交流ができない事例では家庭に替わる永続的な養育の場（養子縁組）の方向性を探ることも検討します。里親の下や施設から自立していく場合には、その後の生活を展望した方向性を子どもや関係機関と共有しながら必要な取り組みを進めていくことが求められます。

家庭復帰が実現した事例では、地域での親子の生活を支援し、虐待が再発することがないように、地域の関係者とのネットワークを構築して支えていくこととなります。その受け皿づくりや、地域ネットワークへのスムーズな移行を図ることが児童相談所の重要な役割となります。

こうして、親子の生活が安定し、養育環境が子どもの成長発達にとって不利益にならないことが確認されれば、地域の機関との協議のうえで支援を終結することとなるのです。

⑸　子どもや保護者を支援する具体的なプログラム

児童相談所の虐待対応の歴史はまだ浅いものですが、その間にも、虐待を受けた子どもへの支援や保護者の養育方法を改善するための支援として、さまざまなメニューを取り入れ試行錯誤してきています。多くは欧米で開発された手法を取り入れたものですが、それを日本の児童相談所現場に応用し、創意工夫を加えながら行われています。

例えば、『児童相談所における保護者支援のためのプログラム活用ハンドブック』（２０１４年３

[*6]月）によると、２０１２年の時点で過半数の児童相談所が何らかの手法に基づく保護者支援プログラムを実施していました。全国的には10を超える手法によるプログラムの実施が把握されています。

実施している児童相談所が多かったプログラムが、サインズ・オブ・セーフティーという手法です。これはオーストラリアの児童保護分野のソーシャルワーカーが開発して、世界各国に広がっている方法であり、特定のスキルというよりはソーシャルワークの流れ全体の考え方を整理したものといえます。家族が持っているストレングス（強み）に着目し、支援者と家族がパートナーシップを形成しながら、子どもの安全とリスクをバランスよくアセスメントし、当事者主体での計画を作成していく取り組みです。日本においても、各自治体で工夫を加えながらその経験を交流し、さらに支援を向上させようと研修を繰り返しています。

また、子どもの安全を構築する計画策定に、子どもと家族が参画する取り組みも展開されており、「応援ミーティング」の名称で実施している児童相談所があります。これはニュージーランドで開発されたファミリー・グループ・カンファレンスの取り組みを参考にしたものであり、アメリカではＦＴＤＭ（Family Team Decision Meeting）として実践されています。

ペアレントトレーニングとしては、精研式ペアレントトレーニング（まめの木式ペアレントトレーニングとも呼ばれる）という10回程度を１クールとして、子どものほめ方や注意の仕方を体験的に学ぶプログラムが実施されています。例えば東京都では民間団体である子どもの虐待防止センターと協定を結んで、公民が協働する形で実施しています。ペアレントトレーニングとしては、ＰＣ

ＩＴ（親子相互交流療法 Parent-Child Interaction Therapy）という、親子が交流する場面でのライブコーチングによる手法の有効性が指摘されていますが、これらの手法を学ぶための研修機会の乏しさや研修費用の高さなどから、普及がなかなか進まないという課題があります。ＰＣＩＴの簡易版としてのＣＡＲＥ（Child-Adult Relationship Enhancement）という手法は、子育て支援や虐待予防の段階での有効性が指摘されており、対象者の状況に応じたプログラムメニューの導入もこれからの課題となるでしょう。

男性の虐待加害者へのプログラムとしては、グループミーティングの取り組みが東京都と大阪府・市の児童相談所で実施されています。*7 参加への動機づけを児童福祉司が丁寧に行うことが求められますが、参加した父親は同じ体験を経てきたメンバーの発言を通して、自分自身を見つめ直したり、気づきを得ることができています。このような取り組みの普及も課題です。

子どもへのケアでは、トラウマに焦点を当てた、認知行動療法などの治療的な支援があります。子どもが虐待を受けることで抱えたトラウマの症状を日常生活の中で見立て、子どもに心理教育を行うことで、日常生活上のつまずきを解消するための支援が行われています。これは、児童精神科医の診断を基に、医療機関と連携しながら実施することとなります。児童相談所には常勤または非常勤の医師が配置されているので、児童心理司と協働しながらこうしたケアを実施する場合もあります。また、里親や児童養護施設などの社会的養護のもとで暮らしている子どもについては、施設や支援機関とともにこうしたケアを行います。

現状では子どもへのケアの専門性をより向上させることが必要であり、そのための職員の研修や、医療機関との連携協働の拡充が求められます。近年では、子どもの状況をトラウマという視点から見直すトラウマインフォームドケアの考え方が広がっており、こうした視点をもって子どもに向き合う支援者の研修も充実させる必要があります。

(6) 虐待対応のための児童相談所組織運営

児童相談所が子ども虐待対応を進めていくための組織運営は、それぞれの児童相談所設置自治体により千差万別です。児童相談所の規模によっても形態は異なりますが、自治体それぞれに虐待対応を遂行する上での組織編制の考え方に違いがあります。

虐待対応の基本原則として、複数職員で対応するということがあります。そのため、担当者以外の職員をどのように確保するかという点で、組織のつくり方が異なってきます。また、他の相談種別（障害相談や非行相談、育成相談など）への対応との関係をどう構成するかによって、同一の担当者が虐待相談であれ、他種別の相談であれ対応する場合もあれば、虐待に特化した組織を内部に設けて対応する自治体もあります。

とりわけ近年では、介入機能と支援機能の矛盾の解消が課題となってきました。一時保護や立入調査などの介入度の高い対応を行うことで、保護者と対立関係に陥り、その後の相談関係がなかなか構築できなかったり、継続的な支援を行っていくことが困難になっている事例が散見されます。そこでこうした介入度の高い対応と、そののちの継続的な支援とで、担当者を分ける組織編成も工夫されてきました。

ただ、対応を受ける保護者にとっては、同じ話を別の担当者に2回することとなり、それぞれの担当者が話す内容にも食い違いが生じることもあって、かえって不信を持たれてしまう事例もあります。また、介入部門と支援部門のセクション間で業務負担が大きく異なったり、介入部門から支援部門になかなか事例の受け渡しができずに介入部門に事例が滞留する状況が生まれることもあります。こうしたデメリットがあるために、介入部門と支援部門をいったんは分けたものの、再び元に戻している児童相談所や、介入部門と支援部門が初めから一体になって対応を進めている児童相談所もあります。暗中模索が続いているといえます。

なお、2019年の児童虐待防止法改正で、一時保護等の対応を行った職員と保護者への支援を行う職員を分けるようにする旨が規定されました。*8 しかしこの点では、児童相談所現場に方向性に関する見解の一致があるわけではありません。各自治体がそれぞれに工夫して組織を編成しているのが実態です。

とはいえ、虐待相談の現状のところで触れたように、現在の児童相談所には警察署からの心理的虐待通告が急増し、その安全確認対応に追われています。そこでこうした通告事例への対応のみに特化した専任担当を置く児童相談所も現れています。そのことで負担を分散させ、児童相談所が専門性を活かして対応すべき他の事例に対して、職員が注力することが可能となります。このような担当部署を置かなければ、日々の対応に汲々とせざるを得なくなっているというのが児童相談所の現実でしょう。

ところで、保護者や家族への支援を充実させるために、家族支援の専任担当チームを置いている自治体があります。保護者支援プログラムを適切に実施するためには、専門的なスキルの習得が必要です。家族支援専任担当者がこうした支援を実施したり、事例の担当者をスーパーバイズする形で関与したりする形態がみられます。また、子どもや家族が主体となった計画を作成していけるように、子どもや家族をメンバーとしたカンファレンスの開催を行っている自治体では、家族支援専任担当者がファシリテーターとして関与しているところもあります。このように、有効な支援を展開するためにさまざまな組織編成の工夫が行われています。

3　これからの児童相談所の子ども虐待対応

(1)　児童相談所が抱える課題

本節では、これからの児童相談所における子ども虐待対応の方向性について、私見を述べます。児童相談所の現状は、少ない人手で増加が続く虐待通告を受け、昼夜を分かたない対応に疲弊し、一時保護での保護者との対立に神経をすり減らし、国から降りてくる矢継ぎ早な通知を消化することに追われています。虐待のリスクアセスメント不足から思わぬ重大な事態を招いたり、関係機関との連携協働がスムーズにいかずに支援が滞ったりすることもあります。さらに安全確認などの初期対応に追われる一方で、子どもや家族へのケアが十分に行えているとはいえない現状です。

これら多くの課題がある中で、これからの児童相談所における子ども虐待対応を効果的なものにするために、筆者は3つの点での転換を図る必要があると考えます。すなわち、一時保護への司法関与、介入機関と支援機関の分離、予防的対応の3点です。

(2) 司法の関与

児童相談所は一時保護の権限を持っています。これは児童相談所長の判断で行える強力な行政権限です。しかしその行使のために保護者と対立して、その後の支援のための対話が進まない事例が多くあります。そこで、児童相談所と保護者との対立を緩和し、支援を保護者が受け入れるように調整する機能が必要です。そのために、一時保護の適否の判断を司法が行うことが必要であると考えます。

そもそも一時保護は子どもと保護者の権利制限を含んでおり、これを行政の権限のみで行うことには問題があると思われます。国連子どもの権利条約では、司法の判断なく親子が分離されない権利があるとされています[*9]。

海外の制度にみられるように、日本においても親子の分離に関しては司法が関与して判断する制度の導入が必要でしょう。ただ、緊急の保護に支障が生じては子どもの安全が確保できません。そこで、児童相談所長の権限で緊急での一時保護を可能とし、保護者がその保護を認めない場合に、一時保護の継続の適否について、一定の期日内（例えば7日以内）に家庭裁判所の審判を求めることとするのが適切だと考えます。その際に、児童相談所の事務負担が一時保護の実施の支障となることを避けるために、できる限り簡易な方法で審判の申し立てができるといいでしょう。

こうした方向性は、厚生労働省の検討会でも示されており、[*10] 今後は国において現実的な仕組みを構築することが求められているといえます。ただ、こうした方法をとる場合に、予想される事務負担増に対応できる児童相談所と家庭裁判所の人員の配置が必要となります。また、司法関与を求めればよいからと児童相談所で割り切った対応がなされることも懸念され、あくまでソーシャルワークを良好に進めるための制度であることを認識して、保護者との対話をあきらめず同意を得て進めることが大切であることを忘れてはならないでしょう。

(3) 介入と支援の分離

子ども虐待対応における介入的な関与と支援的な関与との矛盾を、児童相談所現場は抱えていることを既述しました。ただ、ここでいう介入と支援という言葉については、定義内容があいまいであり、用いる論者によって意味するところが異なる面があります。

介入とは一定の枠組みを提示して子どもと保護者に改善を求める関与の仕方であると考えます。そうすると、どのような相談種別の事例でも、かかわりの中では必ず介入的な要素を持った対応は含まれてきます。また、支援とは親子の意向を尊重しながら、問題解決のために支援者が親子と協働して行う取り組みだと考えます。その主体者は子どもと保護者です。この支援の取り組みの中では介入的な要素を含む対話が行われる場合もあります。一方、介入から始まってやがて支援へと移行していくため、介入と支援は切り離せるものではありません。介入と支援は地続きでつながっているのです。

ところで子ども虐待への対応においては、保護者からの任意の相談がほとんどなく、児童相談所からの一方的なかかわりによって始まる事例がほとんどです。そのことから保護者に拒否的な反応が生まれ、児童相談所の支援を受け入れることが難しくなる事例が見られます。そこで、通告受理後の安全確認・一時保護・立入調査などの初期対応を限定的に介入的な関与と位置付けて、その後に続く継続的な支援（里親委託や施設入所措置及び在宅での支援）と区別することを考える必要があると考えます。以上のような視点で、子ども虐待への介入と支援を分けて考えることが必要であるように思います。そして、この両者に対応する機関を異なるものにすることが必要ではないかと考えています。この仕組みを図示したのが**図6**です。

この仕組みでは、児童相談所と市区町村との対応区分のあいまいさも解消するために、介入のための機関がワンストップで通告を受けて、児童相談所と市区町村の適切な機関に事例を振り分ける仕組みも合わせて導入します。こうすることで、児童相談所は子ども虐待への専門的な支援の対応に専念することが可能となると考えます。この子どもアセスメント機関は、都道府県の一定のエリ

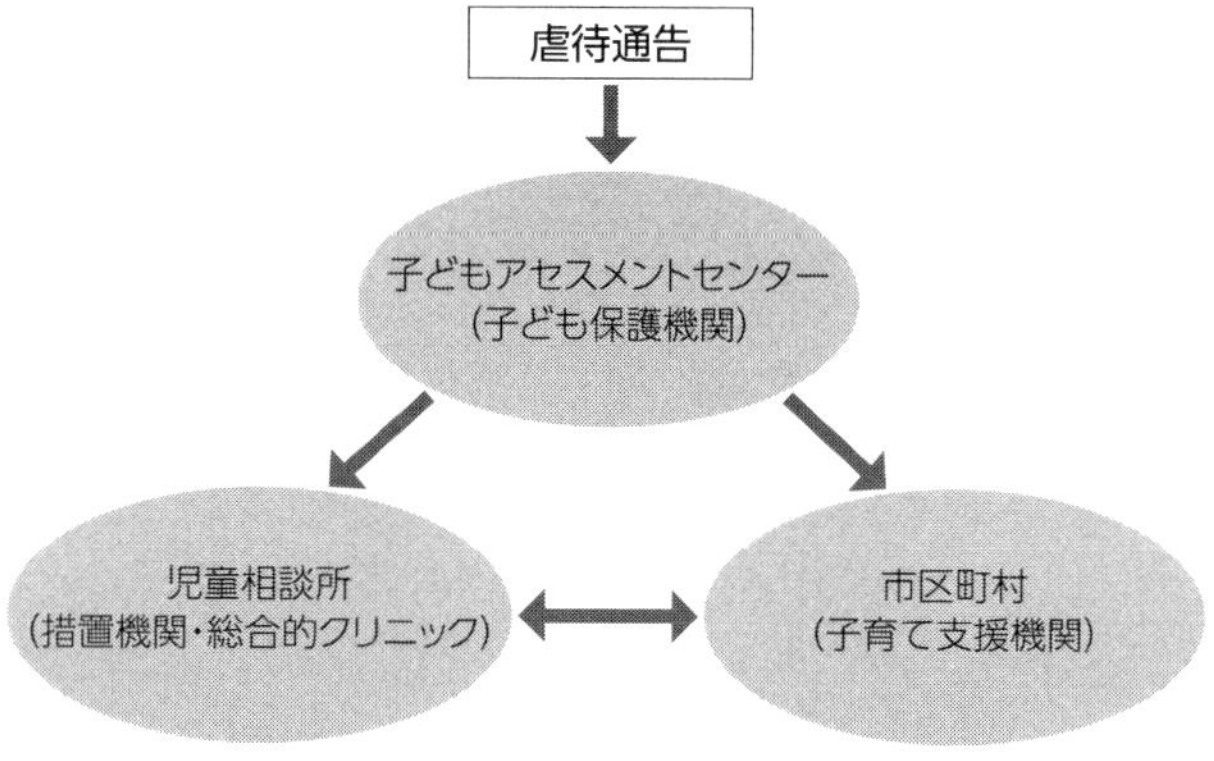

図６　介入と支援を分離したワンストップ対応の機関関係図

出所：筆者作成。

アや、児童相談所の管轄エリアごとに、都道府県の出先事務所などに設置ができるのではないでしょうか。一定の人口の凝集性というメリットから、例えば政令指定都市において先行的に導入することが検討できるのではないかと考えています。

⑷　予防型支援

子ども虐待が発生してから対応することになると、子どもにとっても家族にとってもつらい思いを経験することになります。虐待として介入を受ける前に予防できることが、子どもにとっても家族にとっても最も良いことです。そこで虐待予防策の充実が何よりも大切であると考えます。

虐待予防のためには、まずはすべての親子を対象とした子育て支援の施策が充実して使いやすいこと、気軽く相談できる体制が整備されていること、それらの情報が必要な親子に確実に届いていることなどが前提として必要です。こうした施策は市区町村が中心となって整備し運営をすることとなりますが、不足している支援資源を創り出していくソーシャルアクションに、児童相談所も積極的に関与していくべきでしょう。

児童相談所の現状は、虐待が発生したのちの対応に追われているという面があります。しかし、虐待の発生を予防するために何が必要なのかを検討し、社会に対して提示していくことにも取り組む必要があると考えます。

予防的な支援のためには、子育てに困難を抱える家庭に直接アウトリーチして支援を届ける取り組みが、とりわけ重要なものと考えます。家事・育児の負担が軽減されるとともに、子どもへの直接的な支援ともなり、また保護者は支援者から話を聴いてもらえることにより、安心や安定が得られることとなります。子どもの年齢や家族の状況に応じて、多種多様な家庭訪問型の支援を拡充する必要があるでしょう。

この点では、東京都児童福祉審議会が２０２０年12月23日に行った提言が画期的な内容でしょう。[*11] そこでは、「予防的支援」を進めるために、母子保健サービスや在宅支援サービスの充実により、家庭に積極的なアウトリーチをすることを提言しています。そのために市区町村の体制を強化する必要がありますが、こうした体制づくりを児童相談所も参加して検討していくことが必要だと考えます。これからの子ども虐待対応にあっては、地域全体の支援力の向上に向けて、児童相談所もその役割を発揮していくことを期待します。

注

1　現在は相談対応件数として公表されているが、１９９０年当時は相談処理件数として公表されていた。

2　社会保障審議会児童部会新たな子ども家庭福祉のあり方に関する専門委員会「新たな子ども家庭福祉のあり方に関する専門委員会報告（提言）」２０１６年３月10日。

3　厚生労働省「令和２年度全国児童福祉主管課長・児童相談所長会議資料」（２０２０年９月30日）の中の、「警察における児童虐待への対応について」から。

4　現在では「１８９」が虐待相談・通告の専用ダイヤルとされ、子どもの福祉に関するさまざまな相談については、フリーダイヤル０１２０－１８９－７８３（いちはやく・おなやみを）が別途開設されているが、いずれも児童相談所につながるダイヤルである。

5　例えば神奈川県の鎌倉三浦地域児童相談所では、児童相談所が通告受理した事例であれ、管内市町が受理した事例であれ、双方の職員が同行で安全確認の訪問をする「鎌三チャレンジ」という取り組みを実施している。

6　平成24～25年度厚生労働科学研究費補助金（政策科学総合研究事業）「児童虐待事例の家族再統合等にあたっての親支援プログラムの開発と運用に関する研究」において作成されたもので、国立保健医療科学院ホームページに掲載されている。（https://www.niph.go.jp/entrance/jidousoudan.pdf）

7　東京都では、中央児童相談所である児童相談センターの家族再統合のための援助事業の一つして「やっほー」と称する父親グループが隔週で実施されている。大阪府・大阪市では、立命館大学との共同により「男親塾」という父親グループが隔週で開催されている。

8　児童虐待防止違法第11条第７項として以下の条文が新設された。「都道府県は、（中略）第八条の二第一項の規定による調査若しくは質問、第九条第一項の規定による立入り及び調査若しくは質問、第九条の二第一項の規定による調査若しくは質問、第九条の三第一項の規定による臨検若しくは捜索又は同条第二項の規定による調査若しくは質問をした児童の福祉に関する事務に従事する職員並びに同法第三十三条第一項又は第二項の規定による児童の一時保護を行った児童福祉司以外の者に当該児童に係る保護者への指導を行わせることその他の必要な措置を講じなければならない」。

9　国連子どもの権利条約では第９条第１項に以下のように定めている。「締約国は、児童がその父母の意思に反してその父母から分離されないことを確保する。ただし、権限のある当局が司法の審査に従うことを条件として適用のある法律及び手続に従いその分離が児童の最善の利益のために必要であると決定する場合は、この限りでない。このような決定は、父母が児童を虐待し若しくは放置する場合又は父母が別居しており児童の居住地を決定しなければならない場合のような特定の場合において必要となることがある」(日本政府訳)。

10　厚生労働省児童相談所における一時保護の手続等の在り方に関する検討会「児童相談所における一時保護の手続等の在り方に関する検討会とりまとめ」２０２１年４月22日。

11　東京都児童福祉審議会「新たな児童相談のあり方について―「予防的支援」と「早期対応」の抜本的強化に向けて―」２０２０年12月23日。

第3章

児童相談所一時保護所の実情

——コロナ禍から見る

鈴木　勲

はじめに

2020年1月から新型コロナウイルス感染症の流行が始まりました。日本の社会経済状況は未曾有の危機に直面し、日常生活における児童の学び方や養育者の働き方も変わらざるを得ませんでした。それまで一般的であった行動様式が著しく制限されたこの時期は、児童相談所が受理した相談内容や、虐待通告相談等を受けて一時保護された児童の様子にも変化が見られることになりました。このことを踏まえ、本章では次の3点から児童相談所一時保護所(以下、一時保護所)の実情を報告します。

第1に、直近の一時保護所を取り巻く状況の変化を整理し、コロナ禍において一時保護所という生活の場所で具体的にどのような変化が起きているかに着目しました。その変化に一時保護所がどのような対応をし、何を大切にしたのかを社会調査の結果から明らかにします。その際、一時保護所内の感染拡大防止に努めつつ、福祉サービスの水準維持に奮闘している一時保護所職員の働き方についても触れます。

第2に、児童や家庭を取り巻く生活環境もコロナ禍の影響を受け、これまでと大きく変わりました。児童相談所に繋がるケースの相談内容も多様化、複雑化し、相談件数も増加しています。このような課題に迅速に対応し、児童の福祉の増進を図るために、中核市や特別区においても、一時保護所を併設した児童相談所が設置されるようになりました。2021年4月1日時点で225か所の児童相談所のうち145か所の一時保護所が併設されています。政令指定都市や特別区に設置された一時保護所は35か所ありますが、開所から間もない一時保護所では、児童指導員や保育士等、保護された児童のケアを担う職員の人材育成が喫緊の課題となっています。そのため、「児童相談所一時保護所及び一時保護機能を有する児童養護施設の人材育成―研修体系モデルの開発に関する調査研究―」（研究代表／鈴木勲）[*1]による社会調査から見えてきた人材育成や研修体系のモデルを紹介します。

第3に、2018年8月、「一時保護に関して指摘されている問題解決に向け、自治体や関係者が進むべき方針を共有し、一時保護を適切に行い、実効のある見直しを進めること」を目的として、児童相談所や関係自治体、関係機関にガイドラインが通知されました。[*2] ガイドラインには、「向かうべき方向を示す方針・物事を進める上で頼りになるもの」などの意味があります。この方針に加え新たな一時保護所の運営や支援のための指標や、児童相談所における一時保護手続等のあり方に関する検討会によるとりまとめも踏まえながら、人材育成の観点から今後の一時保護所の方向性について提言を行います。

1　コロナ禍における児童虐待相談対応件数の動向

2020年1月16日、日本において初の新型コロナウイルス陽性者が報告されました。この時期

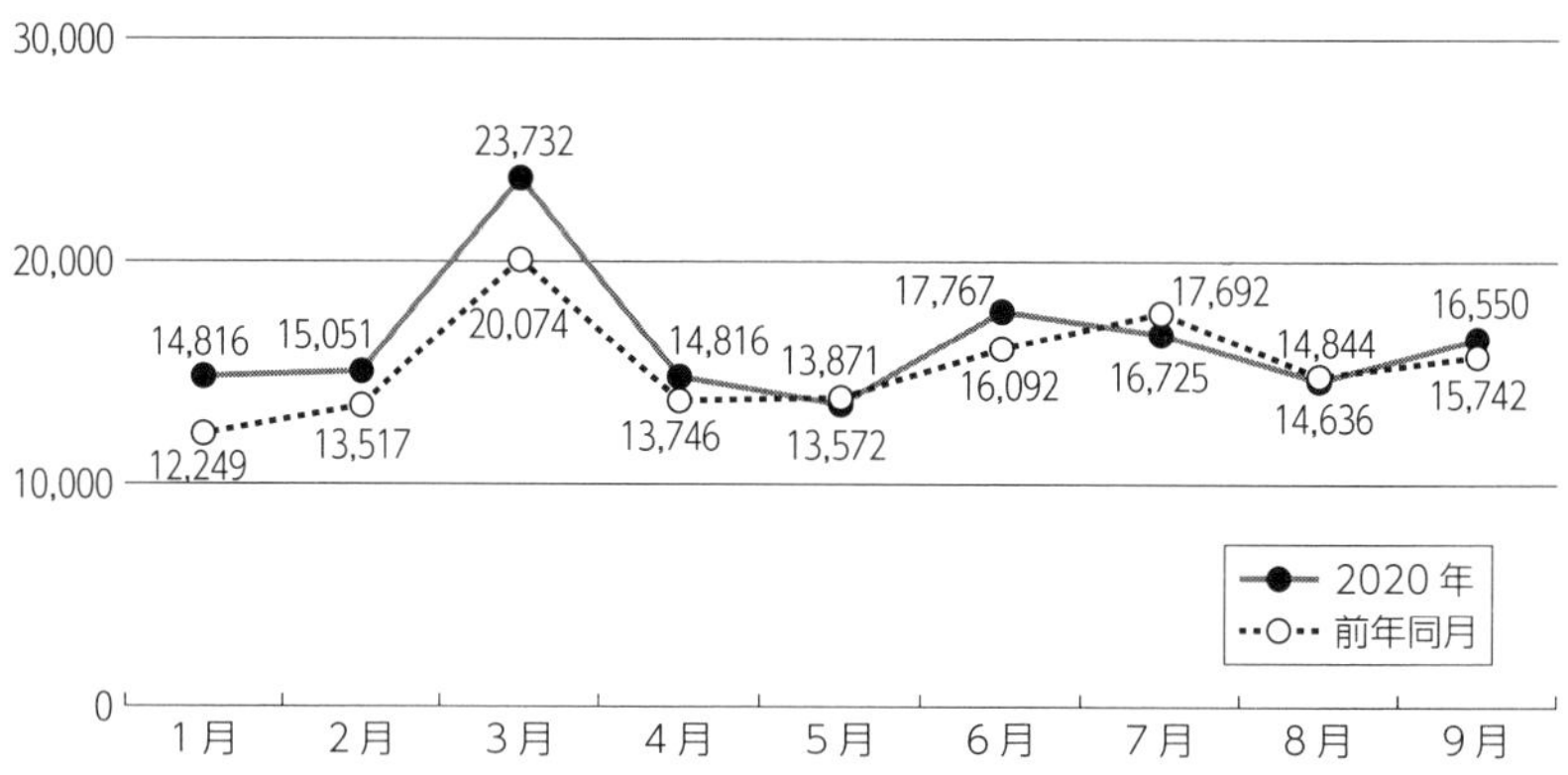

図1　厚生労働省が公表した児童虐待相談対応件数の動向について

出所：2020年1月～9月分（速報値）に基づき筆者が作成。

から感染の流行が始まりましたが、コロナ禍と児童虐待の関係性を見るため、２０２０年１月から９月までの児童虐待相談対応件数を前年同月２０１９年１月から９月までと比較し、**図１**に示しました。

２０２０年１月は前年同月プラス21%、２月プラス11%、３月プラス18%、４月プラス８%、５月マイナス２%、６月プラス10%、７月マイナス５%、８月マイナス１%、９月プラス５%で、１月と３月に児童虐待相談対応件数が特に増加しました。*3 ２０２０年４月７日に、７都道府県に対して第一回目の緊急事態宣言が行われ、４月16日にはその対象が全国拡大しました。学校については、３月２日に全国一斉の臨時休校が始まりましたが、６月までには多くの学校が再開しました。厚生労働省による「児童虐待相談対応件数の動向（２０２０年１月～９月分［速報値］）」によれば、児童虐待相談対応件数は、１月から３月までと学校再開後に児童の問題が増加しています。特に陽性者が確認された１月と臨時休校が始まった３月、学校再開後の６月に前年同月比で高い傾向にありました。7月、8月といったん減少していますが、これは学校再開後の児童相談所の介入と見守りによるものと推測されます。児童虐待対応件数はあくまでも相談を受け付けて児童相談所が対応した件数であり、虐待の実数ではないものの1月から3月では1割から2割増加しています。児童虐待対応相談件数については毎年1割から2割程度（2020年度は対前年度比6％増）増加しています。前年同月比で相談件数が減少している月もありますが、虐待そのものが減少しているというよりは、学校が一斉休校や不要不急の外出制限によって、児童と関わる他者の目や社会の見守りが機能しにくくなり、問題が潜在化したものとも考えられます。

2　コロナ禍における一時保護所の変化

コロナ禍における学校の一斉休校や在宅勤務等は、児童や養育者の日常生活の過ごし方が変化し、家族が家庭内で一緒に生活する時間が増えることになりました。その一方で、家族で過ごす時間が増えたことにより、児童を含めた家族間のコミュニケーションが増加した事例もあります。

一方、新型コロナウイルス感染症の流行は、制約を伴う生活や社会経済的な環境変化をもたらしましたが、このことは児童や養育者の先の見通せない将来に対する不安感やストレスの要因になり、虐待やドメスティックバイオレンス（以下、ＤＶ）の発生を高めやすくしたと考えられます。これらの事柄は、児童相談所の相談業務や一時保護所の運営にどのような影響を与え、それ以前と比べ

表1　コロナ感染者数別基本情報：数値回答（平均値）

	全体	高位群	中位群	低位群
1. 開所日	1972.7 年	1991.0 年	1964.7 年	1962.1 年
2. 2019 年 4 月 1 日の入所定員	20.1 人	27.2 人	18.3 人	14.8 人
3. 2020 年 4 月 1 日の入所定員	20.4 人	27.0 人	18.4 人	14.8 人
4. 2019 年度の平均在所人員	14.8 人	26.8 人	10.5 人	8.5 人
5. 2019 年度の平均在所日数	26.8 日	37.0 日	24.9 日	16.1 日

出所：令和２年度厚生労働行政推進調査事業「コロナ禍における子どもへの影響と支援方策のための横断的研究」144 頁。

てどのような変化をもたらすことになったのでしょうか。

筆者は、令和２（２０２０）年度厚生労働行政推進調査事業「コロナ禍における子どもへの影響と支援方策のための横断的研究」（研究代表者／大阪府立大学教授・山野則子）[*4]に参加する機会を得たことから、社会調査の結果より見えてきたコロナ禍の一時保護所の現状を中心に報告を行います。この調査は、児童相談所及び一時保護所を対象とした調査です。回答を寄せた児童相談所や一時保護所の代表性に大きな問題や偏りは見られなかったことから、妥当性と信頼性があり、両機関の実態を反映したものといえます。

報告では、一時保護所と新型コロナウイルス感染地域間の３群（高位群、中位群、低位群）に分けた分析を行っています。この３群は２０２０年９月末時点の都道府県別コロナ感染者数（人口10万人あたり累計）をもとに、都道府県を感染者数高位群／中位群／低位群の３つに区分したものです。

表1に示したとおり、一時保護所の基本状況（定員充足率、保護期間の日数）をみると、高位群は２０１９年度の平均在所日数37・０日であり、一時保護所の開所時期の平均が１９９１年と比較的新しく、定

員は平均で27人と規模の大きな一時保護所で、入所率からも常時満床状況（入所率99・2％）であったことが示されています。保護児童の在所期間も、新型コロナウイルス感染地域間の比較を行ったところ、高位群ほど他の地域群より長期化している傾向のあることが明らかになりました。これは児童の処遇を決めるための会議がなかなか開催されにくかったことや、措置先となる児童養護施設の受入体制、転校先の学校が休校中等で措置手続きが円滑に進まなかったことも考えられます。

厚生労働省の「令和2（2020）年度全国児童福祉主管課長・児童相談所長会議資料（厚生労働省子ども家庭局）児童相談所関連データ」によれば、2018年度の平均在所日数は、29・4日、1日あたりの保護人員は2079人となっています。これを基準にすると、新型コロナウイルス感染地域の高位群では、定員の充足率が高く、保護期間も長期化していますが、低位群では、高位群や中位群に比べて充足率の高まりや、入所期間が長期化することは示されませんでした（図2）。

(1) コロナ禍における児童相談所の相談内容の変化について

新型コロナウイルス感染症の流行により、一時保護される児童の保護理由にも変化がみられます。2019年度及び2020年度の保護理由について、新型コロナウイルス感染の地域間3群で見たときに特徴的な事項が確認されていることから、そのことについて報告をします。保護理由について前年度比で比較したところ、養護相談（性的虐待）は、感染高位群で宣言解除、学校再開後に増加傾向にあります。また、養護相談（心理的虐待）については、宣言解除、学校再開後直後に増加

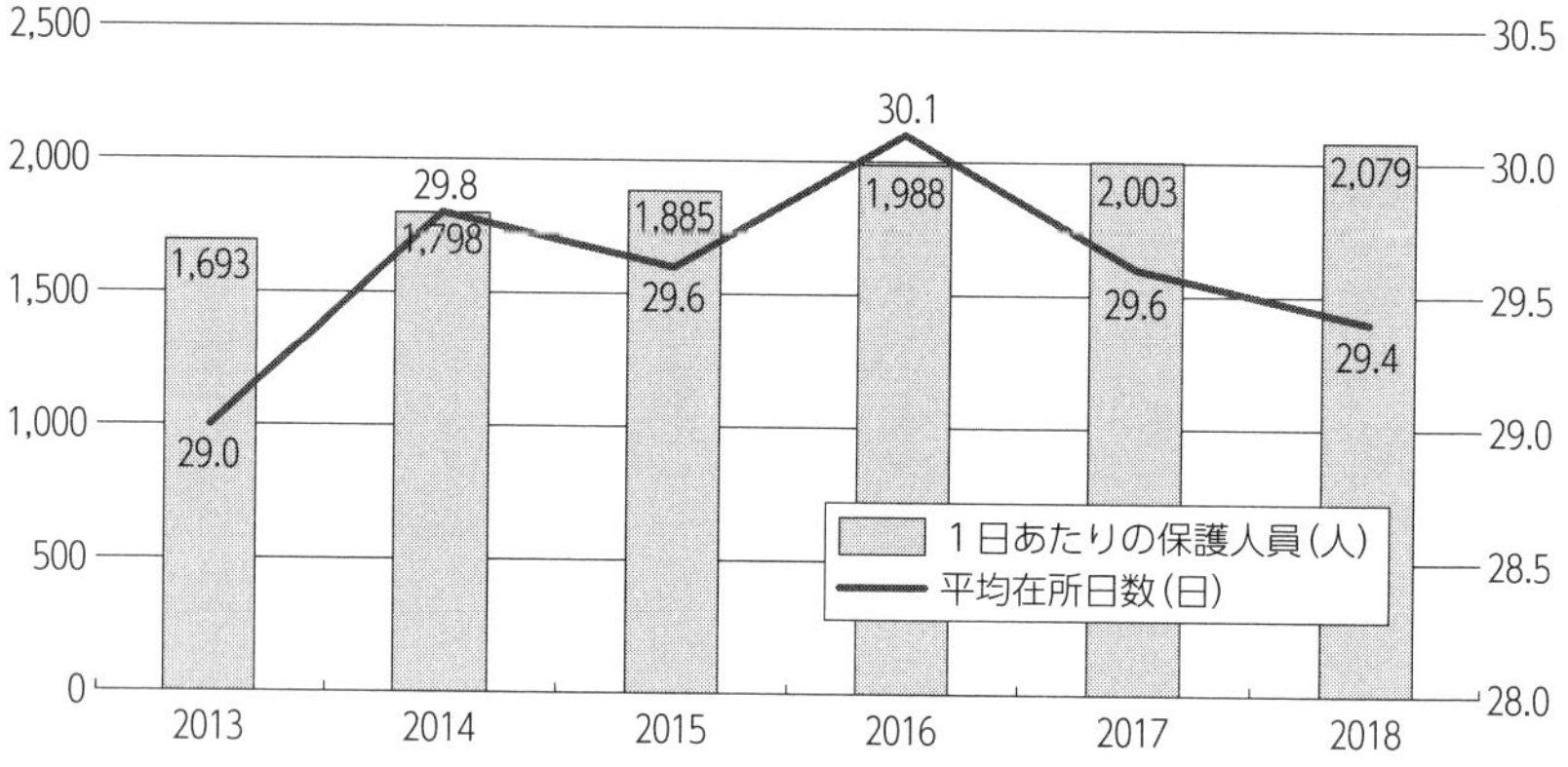

図2　1日あたりの保護人員及び平均在所日数

出所：令和2年度厚生労働省全国児童福祉主管課長・児童相談所長会議資料（厚生労働省子ども家庭局）「児童相談所関連データ一時保護所の現状」1109頁より筆者が作成。

しています。この他、児童相談所には宣言解除、学校再開後にゲーム依存の相談が多く寄せられ、新型コロナウイルス感染の地域間3群で比較したときに高位群で特にその傾向が強くみられています。

(2) 養護相談（性的虐待）について（図3）

養護相談（性的虐待）は、「全体」では、「2020・9」が1日平均1・0件でもっとも多くなっています。「高位群」では、「2020・9」が平均1・8件でもっとも多く、前年同月と比べても増加しています。これはあくまでも相談件数であり、実数と切り離してみる必要があります。しかし、外出自粛で性的虐待がエスカレートし、被害児童が被害を訴える契機となった事例もあります。警察庁が2021年2月に公表した2020年の犯罪情報統計でも、児童虐待の疑いで児童相談所に通告した児童は過去最多の10万6960人で、そのうち295人[*5]が性的虐待であることが分かっ

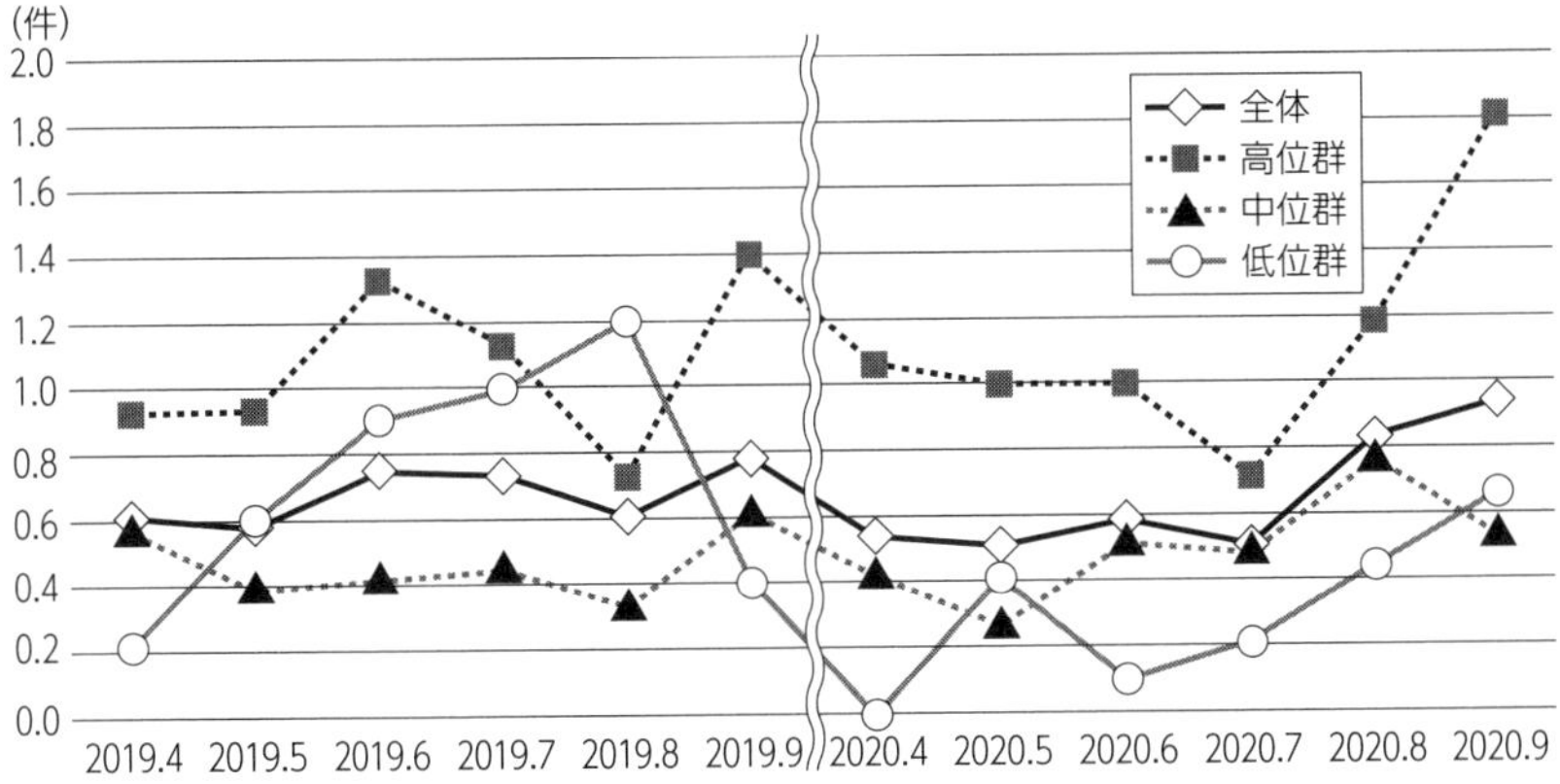

図３　コロナ感染者数別養護相談（性的虐待）：数値回答（平均値）

出所：令和２年度厚生労働行政推進調査事業「コロナ禍における子どもへの影響と支援方策のための横断的研究」146頁。

ています。家庭内での性的な被害に加え、オンライン授業等でインターネットと繋がる機会が増えたことで、ＳＮＳ利用による性的被害も一定数あったものと考えられます。

(3) 養護相談（心理的虐待）について（図４）

養護相談（心理的虐待）は、「全体」では、「２０２０・８」が平均２・９件でもっとも多くなっています。「高位群」では、「２０１９・９」が平均３・９件でもっとも多くなっています。宣言解除、学校再開後の６月に増加し、児童相談所の支援でいったん減少に転じていますが、それ以降、再度増加し、潜在化した問題が表面化してきているのではないかと推測されます。２０２０年の犯罪情報統計においても警察から児童相談所への通告内容のうち、児童の目の前で家族に暴力を振るうなどの心理的虐待は７万８３５５人と約７割を占め、過去最多となってい

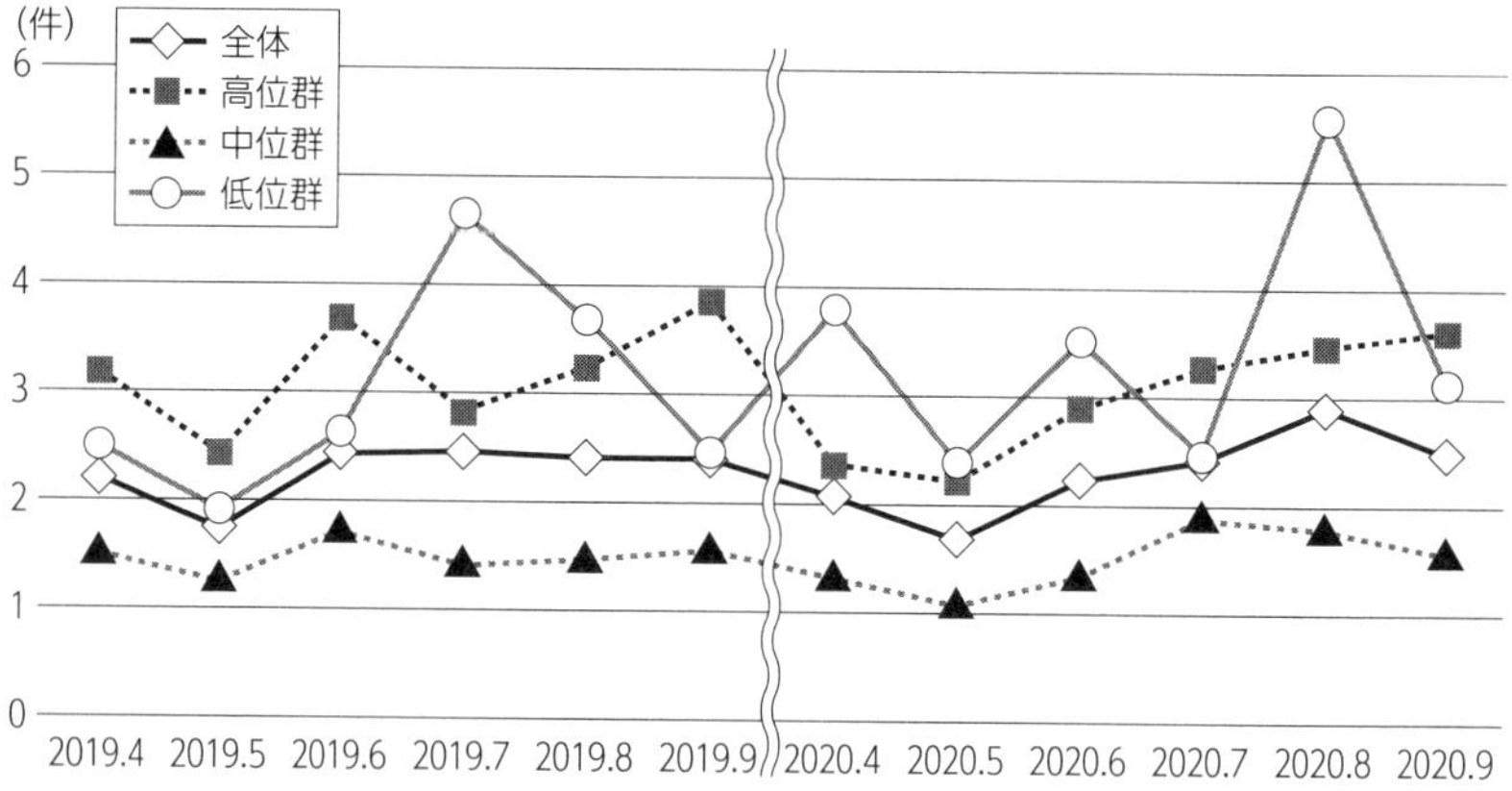

図 4　感染者数別養護相談（心理的虐待）：数値回答（平均値）

出所：同前、144 頁。

ます。コロナ禍で家族が一緒に過ごす時間の増加や外部の目が届きにくく、外出自粛下のもとステイホームが推奨されたことで、被害者の逃げ場が制限されたことも要因のひとつとして考えられます。

(4) 新たな児童の相談（ゲーム依存に関する相談）

宣言解除、学校再開以後に児童のゲーム依存に関する相談が増加します。ゲーム依存に関する相談件数は、児童相談所が受理する相談としてはこれまで多い相談ではありませんでした。

ゲーム依存に関する相談について図5に示しました。コロナ感染地域別の全体では、「少し増えた」が43・3％でもっとも割合が高く、次いで「変わらない」が42・5％となっています。

しかし、コロナ感染地域の高位群では増加傾向がみられました。「少し増えた」が48・6％でもっとも割合が高く、次いで「変わらない」が28・6％となってい

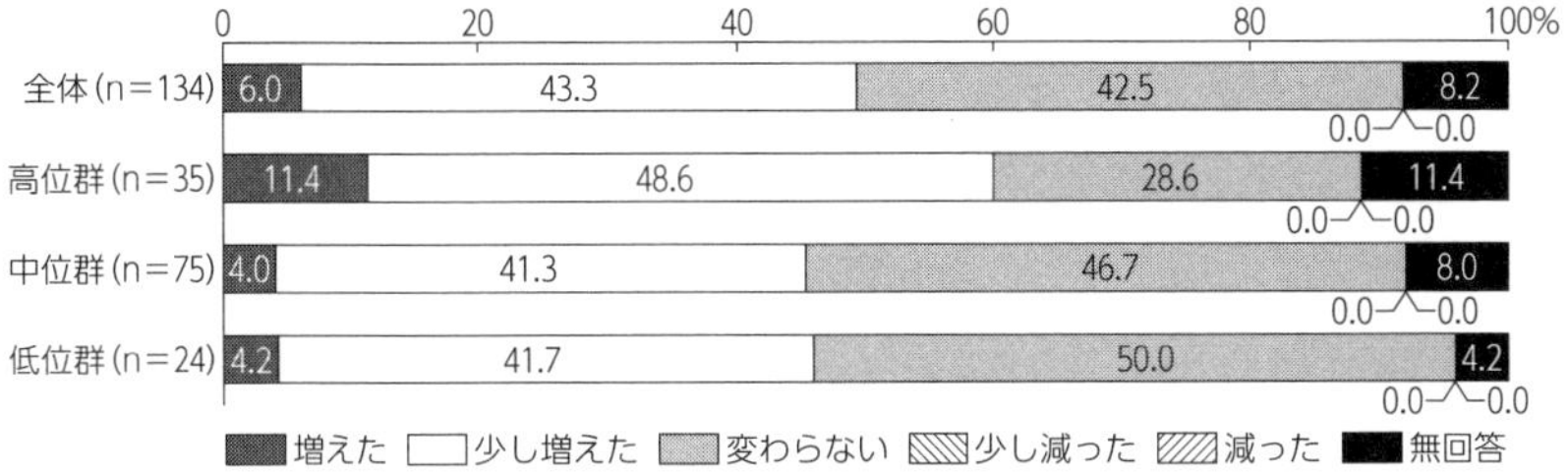

図5　コロナ感染者数別宣言解除、学校再開以後の児童のゲーム依存に関する相談：単数

出所：同前、79頁。

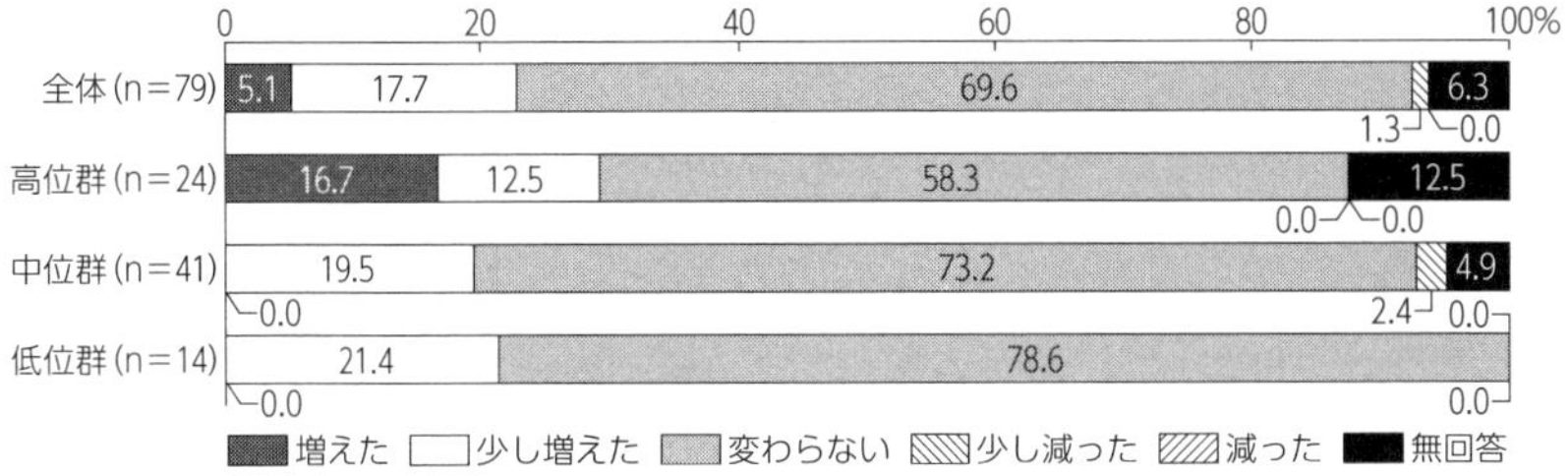

図6　コロナ感染者数別ストレスと児童の関係：単数回答

出所：同前、71頁。

ます。コロナウイルス感染症の拡大にともない児童が自宅で過ごすことが増え、他児童との交流も減少し、自粛期間中は、インターネットやオンラインゲームを利用する機会が増加しています。

　ゲーム依存はそれ自体にとどまらず、学習意欲の低下や過剰な利用による睡眠への影響なども危惧されています。

(5) 児童の内面的な健康（図6）

　宣言解除、一時保護所職員の観察に基づく回答によれば学校再開以後ストレスを感じている児童は、全体では、「変わらない」が69・6%であったものの「少し増えた」は17・7%でした。

　コロナ感染地域の3群でみた場合、

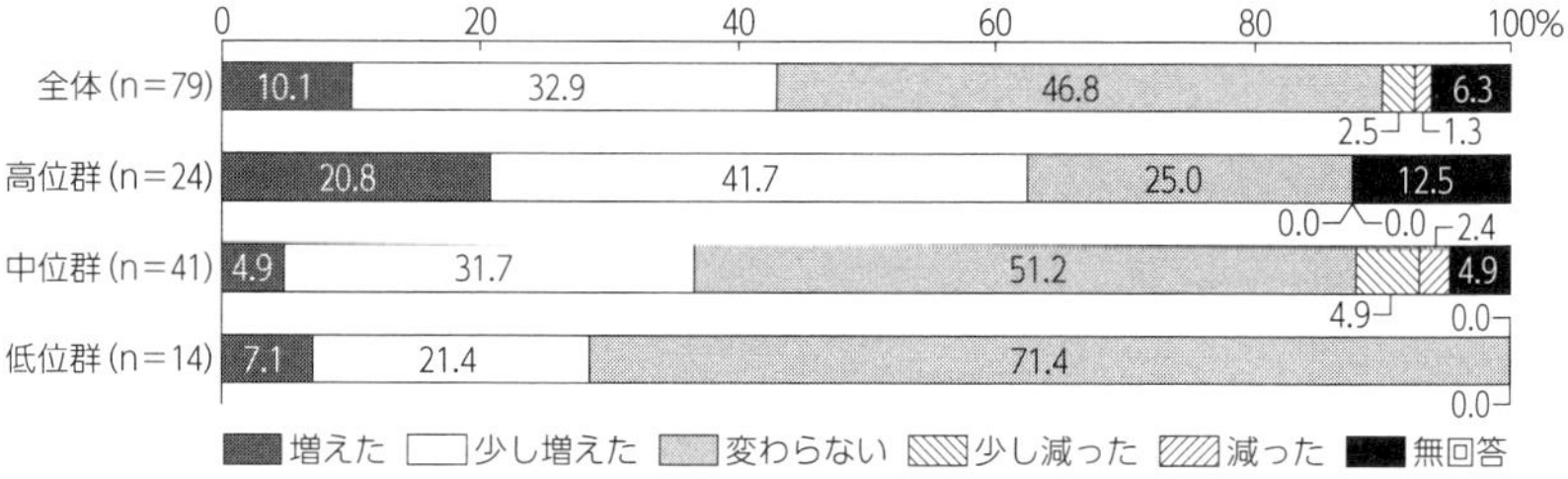

図7　コロナ感染者数別非常事態宣言時期の職員の業務の負担感：単数回答

出所：同前、251 頁。

高位群では、「変わらない」が58・3％でもっとも割合が高く、次いで「増えた」が16・7％、「少し増えた」12・5％となり、29・2％の児童がストレスを感じながら生活を送っていることになります。

(6)　コロナ禍と一時保護所職員

次に一時保護所の児童指導員や保育士の業務負担の変化を見ていくことにします。**図7**に示したように、コロナ禍における一時保護所職員の業務の負担感は高位群で特に強い傾向がみられました。

全体では、「変わらない」が46・8％でもっとも割合が高く、次いで「少し増えた」が32・9％となっています。

高位群では、「少し増えた」が41・7％でもっとも割合が高く、「増えた」20・8％でした。「少し増えた」「増えた」を合わせると62・5％に達し、コロナ感染の地域間高位群で負担増を感じながらも、児童の福祉増進のために、業務にあたっている一時保護所職員の存在が明らかになりました。

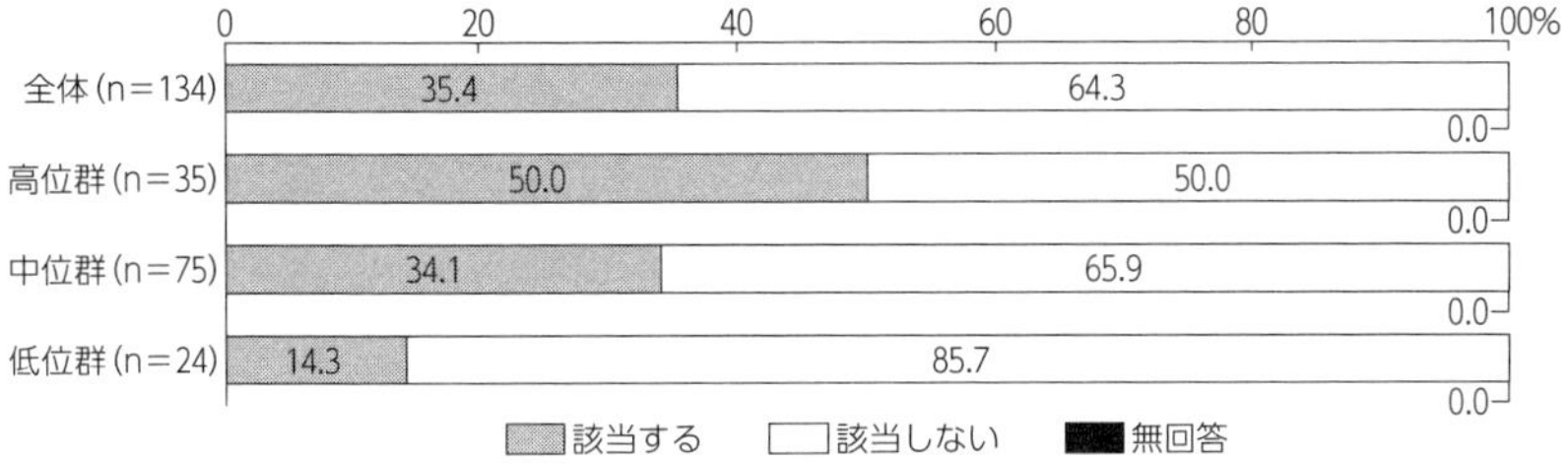

図8　保護児童の支援＿柔軟に日課の変更を行った：単数回答

出所：同前、247頁。

⑺　コロナ禍における一時保護所の運営

一時保護所の、保護児童の入所調整については、全体的に非常事態宣言時期から苦慮している様子が窺えました。コロナ禍においても、保護児童と児童福祉司や児童心理司との面接は3群ともに一定時間行われており、いかなる状況下にあっても、児童のことを第一に考え、保護児童に対応していることが明らかになりました。感染が懸念される児童の対応に苦慮した事例は高位群で40％程度ありました。また、園庭・グラウンドで過ごす時間は高位群で高く、児童が発散できる機会を意図的に作っているものと推察されます。コロナ禍において、画一的な日課に児童を合わせるのではなく、児童一人ひとりの状況を考慮しながら、日課の変更を行う等、柔軟な対応をしていることが図8のとおり示されました。

「コロナ禍における子どもへの影響と支援方策のための横断的研究」の研究成果の一部分から、コロナ禍の中で一時保護所に入所する児童や、支援にあたる一時保護所職員の状況などについて紹介しました。

社会調査の結果からみえてきたものとして、コロナ感染率が高い地域の一時保護所では、心理的虐待や性的虐待を理由とする入所が非常事態宣言解除後に増加していました。また、緊急事態宣言に伴う休校が児童に与えた影響として、学校再開時の児童間のトラブルや友人関係の築きにくさがあげられています。新入学生は、同学年の児童との交流もないまま休校に至った地域もあり、友人関係の築きにくさの要因とも推察されます。学校は児童にとって学びの機能だけではなく、居場所や絆作りの場でもあったことを再認識する必要があります。児童相談所が対応する問題もコロナ禍の影響を受け、児童の孤立や、ゲーム依存、インターネットを介した問題など、コロナ禍において児童相談所が対応する児童の問題も多様なものとなりました。学校を閉じたことによる教育格差だけではなく、学校という居場所を短期間でも失ったことが児童に与えた影響については、今後、検証されていくべきものです。

このようなコロナ禍で厳しい状況にあっても、一時保護所職員はコロナウイルス感染症の予防に努めつつ、制約の多い一時保護所の日課を柔軟に組み立て直しながら児童のための運営を行っていました。一方で、従前からの課題であった定員を超えた児童の入所や大規模な集団での生活は、密集状態を作ってしまう場面もあることから、居室基準の見直しや緊急時に対応できるような一時保護機能を有した児童養護施設の整備、緊急一時保護の際の委託先の新たな開拓が早急に求められます。

また、コロナ禍での一時保護所の運営にあたり、時間外勤務の増加などで疲弊している一時保護所職員もいることから、緊急時にも対応できるような人員体制の見直しも検討されるべきです。一時保護所自体、密集、密閉、密接のいわゆる3密になりやすい環境構成にあります。そのため、緊急度の低い児童の入所調整を行ったり、各地の一時保護所の好事例やコロナ禍から学んだことを整理してデータベースを構築し、日常の児童支援の向上に繋げていくことも検討されるべきでしょう。

3　一時保護所の人材育成のあり方について

２０１８年7月、厚生労働省子ども家庭局長名で、各都道府県知事、指定都市市長、児童相談所設置市長あてに「一時保護ガイドライン」が発出されることになりました。それまで児童相談所の運営のあり方については一時保護所も含めて、その指針や業務、運営内容は、児童相談所運営指針において具体的に示されてきました。しかしながら、一時保護に関して指摘される問題解決に向けて自治体や関係者が進むべき方針を共有し、一時保護を適切に行い実効ある見直しを進めることを目的として「一時保護ガイドライン」が設置されました。このガイドラインが現在の一時保護所の運営、児童支援の指針として運用されています。一時保護中の児童の支援における権利保障や、一時保護の質の確保などについては、各項目に示されていますが、職員の人材育成については触れられていません。

しかし、「児童相談所における一時保護の手続き等の在り方に関する検討会とりまとめ」「Ⅳ一時保護中の手続きの在り方」（職員の専門性向上）の中で、次の2項目で簡単に触れられています。

「一時保護所には多様な子どもが入所することも踏まえ、それぞれの子どもの特性や背景への理解が重要であることから、一時保護所に専門職を配置すること、一時保護所職員向けの研修を実施すること、一時保護所の職員と児童相談所の児童福祉司や児童心理司とが連携して心理教育などのケアを行うことなどが必要である。このため、スーパーバイザーの配置も含めた一時保護所の人員配置や設備基準の策定や、全国統一の研修プログラムの実施及び研修期間中の代替職員の配置に係る補助などの支援について検討すべきである」。また、「一時保護された子どもは身体的、心理的にリスクが高い状態であるため、里親や施設職員など一時保護委託の受け入れ先の専門性の向上も同様に重要である[*6]」と記されています。

(1) 一時保護所（機能を有する児童養護施設を含む）と職員の研修項目に関するニーズ

一時保護所の研修実態や研修プログラムについては、その内容を十分に調査した研究は存在しないことから社会調査を実施してその概要を明らかにしました（注1参照）。まず、研修プログラムは、職員の勤務歴などの階層に応じたものなのか、学ぶべき項目は何なのか、が判然としないため、初任者（2年未満）、中堅者（2年以上4年未満）、リーダー・管理職（4年以上）の階層ごとに分け、それぞれの研修ニーズを明らかにしました。調査では、一時保護した児童の支援にあたり、人材育成の過程で職員が望む研修内容と一時保護所（機能を有する児童養護施設を含む）の管理者が職員に対して望む研修内容を**表2**のとおり把握しました。

調査の結果、職員が望む研修の降順5項目は、職員が①「性的な問題を抱える児童の支援について」（29・９％）、②「被虐待児支援の基本に関すること」（27・９％）、③「非行児童の支援について」（26・５％）、④「一時保護所の役割に関すること」（19・７％）、⑤「子どもの成長・発達に関するこ
と」（19・７％）でした。

管理者においては、①「一時保護所の役割に関すること」（61・４％）、②「被虐待児の基本に関すること」（54・２％）、③「一時保護ガイドラインに関すること」（43・４％）、④「子どもの成長・発達に関すること」（36・１％）、⑤「性的な問題を抱える児童の支援について」（32・５％）となりました。

この結果から、職員及び管理職が求める研修ニーズに相違があることが明らかになりましたが、職員及び管理職の両者ともに重要度が高いと考える研修項目もありました。両者で研修ニーズが高かったものは、①「1　一時保護所の役割に関すること」、②「4　子どもの成長・発達に関すること」、③「6　被虐待児支援の基本に関すること」、④「8　非行児童の支援について」、⑤「9　性的な問題を抱える児童の支援について」、⑥「12　行動観察会議資料の作成方法について」、⑦「15　児童福祉司や児童心理司等、他職種との連携について」、⑧「19　一時保護所の環境構成について」、⑨「26　一時保護ガイドラインに関すること」の９項目でした。重要と答えている職員の割合が高い項目ほど、研修すべき研修内容と考えられます。

及び管理職が重要だと考えている研修項目

一時保護所・施設（n＝83） 重要だと考えている研修内容		職員（n＝147） 今後身につけたい専門的な知識・技能		差（一時保護所・施設－職員）	対中央値	
n	割合	n	割合		一時保護所施設	職員
51	61.4%	29	19.7%	41.7%	高	高
25	30.1%	13	8.8%	21.3%	高	低
22	26.5%	6	4.1%	22.4%	高	低
30	36.1%	29	19.7%	16.4%	高	高
1	1.2%	8	5.4%	-4.2%	低	低
45	54.2%	41	27.9%	26.3%	高	高
9	10.8%	28	19.0%	-8.2%	低	高
13	15.7%	39	26.5%	-10.9%	高	高
27	32.5%	44	29.9%	2.6%	高	高
4	4.8%	10	6.8%	-2.0%	低	低
2	2.4%	23	15.6%	-13.2%	低	高
16	19.3%	22	15.0%	4.3%	高	高
11	13.3%	1	0.7%	12.6%	高	低
5	6.0%	11	7.5%	-1.5%	低	低
20	24.1%	20	13.6%	10.5%	高	高
7	8.4%	18	12.2%	-3.8%	低	高
1	1.2%	17	11.6%	-10.4%	低	高
14	16.9%	4	2.7%	14.1%	高	低
10	12.0%	18	12.2%	-0.2%	高	高
8	9.6%	20	13.6%	-4.0%	低	高
9	10.8%	5	3.4%	7.4%	低	低
2	2.4%	4	2.7%	-0.3%	低	低
18	21.7%	7	4.8%	16.9%	高	低
4	4.8%	3	2.0%	2.8%	低	低
3	3.6%	10	6.8%	-3.2%	低	低
36	43.4%	21	14.3%	29.1%	高	高
8	9.6%	8	5.4%	4.2%	低	低
3	3.6%	15	10.2%	-6.6%	低	低

表2　一時保護所職員

No.	項目
1	一時保護所の役割に関すること
2	自身の職種の役割に関すること
3	職業倫理に関すること
4	子どもの成長・発達に関すること
5	子どもの遊びに関すること
6	被虐児支援の基本に関すること
7	障害児支援の基本に関すること
8	非行児童の支援について
9	性的な問題を抱える児童の支援について
10	子ども家庭福祉の現状に関すること
11	子ども家庭福祉の法令・制度に関すること
12	行動観察資料の作成方法について
13	個人情報の取扱について
14	ケース記録の書き方について
15	児童福祉司や児童心理司等、他職種との連携について
16	相談面接技術に関すること
17	スーパービジョンのあり方について
18	児童の受け入れについて
19	一時保護所の環境構成について
20	一時保護所での保育について
21	健康・衛生管理に関すること
22	食育に関すること
23	事故・ケガの予防対応に関すること
24	防災時の対応に関すること
25	いじめの理解と対応に関すること
26	一時保護所ガイドラインに関すること
27	児童相談所運営指針に関すること
28	性教育に関すること

出所：2021年度公立大学法人会津大学競争的研究費採択事業「児の開発に関する調査研究―」7頁。

(2) 研修体系及び指標モデルの提起

本調査では一時保護所及び一時保護機能を有する児童養護施設職員の勤務歴、勤務の中で重要と考えるようになった研修内容、今後特に身に付けたい専門的な知識・技能の関係性に着目して表3に示すとおり、研修体系及び指標モデルの提起を行いました。

の研修体系及び指標モデル

勤務歴等級						P値
初任者（2年未満）（n＝39）		中堅者（2年以上4年未満）（n＝67）		リーダー管理者層（4年以上）（n＝40）		
n	割合	n	割合	n	割合	
14	35.9%	23	34.3%	10	25.0%	0.513
13	33.3%	20	29.9%	4	10.0%	0.030*
11	28.2%	17	25.4%	7	17.5%	0.503
11	28.2%	4	6.0%	2	5.0%	0.001**
7	17.9%	2	3.0%	3	7.5%	0.025*
5	12.8%	7	10.4%	5	12.5%	0.917
5	12.8%	3	4.5%	1	2.5%	0.120
4	10.3%	4	6.0%	2	5.0%	0.605
2	5.1%	1	1.5%	2	5.0%	0.497
2	5.1%	3	4.5%	0	0%	0.371
21	53.8%	38	56.7%	18	45.0%	0.495
12	30.8%	26	38.8%	14	35.0%	0.703
12	30.8%	24	35.8%	9	22.5%	0.353
7	17.9%	14	20.9%	5	12.5%	0.547
3	7.7%	14	20.9%	5	12.5%	0.162
3	7.7%	10	14.9%	0	0%	0.031*
2	5.1%	9	13.4%	5	12.5%	0.391
3	7.7%	6	9.0%	2	5.0%	0.754
9	23.1%	20	29.9%	22	55.0%	0.006**
12	30.8%	26	38.8%	17	42.5%	0.542
5	12.8%	23	34.3%	15	37.5%	0.027*
7	17.9%	15	22.4%	11	27.5%	0.597
3	7.7%	5	7.5%	10	25.0%	0.017*
5	12.8%	7	10.4%	7	17.5%	0.576
3	7.7%	3	4.5%	4	10.0%	0.534
0	0%	4	6.0%	3	7.5%	0.246
1	2.6%	2	3.0%	2	5.0%	0.808
1	2.6%	2	3.0%	2	5.0%	0.808

χ^2検定、*：$P<0.05$、**：$P<0.01$

表3　階層別

No.	項目
4	子どもの成長・発達に関すること
7	障害児支援の基本に関すること
12	行動観察資料の作成方法について
20	一時保護所での保育について
23	事故・ケガの予防対応に関すること
10	子ども家庭福祉の現状に関すること
18	児童の受け入れについて
14	ケース記録の書き方について
5	子どもの遊びに関すること
22	食育に関すること
6	被虐児支援の基本に関すること
1	一時保護所の役割に関すること
8	非行児童の支援について
2	自身の職種の役割に関すること
11	子ども家庭福祉の法令・制度に関すること
16	相談面接技術に関すること
27	児童相談所運営指針に関すること
3	職業倫理に関すること
26	一時保護所ガイドラインに関すること
9	性的な問題を抱える児童の支援について
15	児童福祉司や児童心理司等、他職種との連携について
19	一時保護所の環境構成について
17	スーパービジョンのあり方について
28	性教育に関すること
25	いじめの理解と対応に関すること
21	健康・衛生管理に関すること
13	個人情報の取扱について
24	防災時の対応に関すること

出所：同前、5頁。

職員の専門性の向上については、実践現場での積み重ねと研修をとおした学び等を統合させる方法もあると考えられますが、本研究では研修をＯＪＴ（On the Job Training）、ＯＦＦ－ＪＴ（Off The Job Training）、ＳＤＳ（Self Development System）に着目しながら、職員の勤務年数に応じて①初任者（2年未満）、②中堅者（2年以上4年未満）、③リーダー・管理者層（4年以上）の3群に分類し、この階層までに必要とされる専門的知識・技能に関するおおよその基準は何かを統計解析により明らかにしました。階層ごとに重要と答えている職員の割合が高い研修項目・内容ほど、研修をするべきと考えられます。そこで重要だと考えている研修内容と勤務歴とのクロス集計を行い、初任者、中堅者、リーダー・管理者がどの研修内容を選択した割合が高いか比較して、χ^2検定を適用し、各階層の職員が特に身に付けるべき事項について、統計上有意な研修項目を明らかにしました。

その結果、初任者では、①「子どもの成長・発達に関すること」、②「障害児支援の基本に関すること」、③「行動観察資料の作成方法について」、④「一時保護所での保育について」、⑤「事故・ケガの予防対応に関すること」が知識・技能として求められます。入所児童への直接的な支援やアセスメント能力等、一時保護所（機能を有する児童養護施設を含む）職員としての基本的な実践力を身に付けることの必要性が示されました。

初任者が児童支援や一時保護所の業務にあたっての基本的な事項が特に求められたのに対して、中堅者では、①「被虐待児支援の基本に関すること」、②「一時保護所の役割に関すること」、③「非行児童の支援について」、④「自身の職種の役割に関すること」、⑤「相談面接技術に関すること」と、より対応の難しい入所児童への支援や対応をしていくための実践力や課題解決に関する知識・技能が求められることが示唆されました。

さらに、リーダー（管理者層）では、①「一時保護所ガイドラインに関すること」、②「性的な問題を抱える児童支援について」、③「児童福祉司や児童心理司等、他職種との連携について」、④「一時保護所の環境構成について」、⑤「スーパービジョンのあり方について」と、入所児童全般に対する支援のみならず、職員への適切な助言指導、組織内の他職種との連携やスーパーバイザーとしての役割等、一時保護所内をまとめる調整力や指導力が求められることが明らかになりました。

　階層ごとに求められる知識・技能、職責、自己に必要とされる課題の改善項目や強みも異なってくることから、このことを意識しながら職員が継続して専門的な知識・技術の向上や開発に努めていく必要があります。今回、提起した指標モデルはおおよその基準を満たすものであり、今後、各一時保護所の実情に合わせて活用が期待されるものであります。

(3) 研修をとおした人材育成のあり方について

　研修をとおした人材育成の方法として、ＯＪＴやＯＦＦ－ＪＴ、ＳＤＳ等の研修の他に、ジョブローテーション等をとおして他領域の業務を経験することで、福祉に関する行政課題を広い視点で直接的にみることにより、専門的な知識・技術を向上させていく仕組みもありますが、ここでは前者に焦点をあてていきます。

　調査の結果から、職場内研修であるＯＪＴやＯＦＦ－ＪＴ等の外部研修、ＳＤＳ等の自己啓発研修は、変速時間労働制という一時保護所の勤務体制や予算が限られていることから、参加者が限られて多くの職員に保障されていないことが示されました。

　また、職場で行われるＯＪＴについては、それを実践できる指導的な職員の不足や時間的な制約から実施されにくい傾向にあることが示されました。しかし、一時保護される児童の状況や一時保護所に求められる役割や環境も時代とともに変化してきており、職員の専門性を高めるために、職員の強みや課題、適性や意欲等も考慮しながら、計画的に職員を育成していく仕組み作りが必要となってきています。

各一時保護所（機能を有する児童養護施設）によって、人材育成のあり方はさまざまですが、先輩職員の背中をみて学ぶ時代から、ＯＪＴを基本としながらもＯＦＦ－ＪＴやＳＤＳ等を交えながら、より先進的な知識・技術を一時保護所の職員が習得する時代へと変わっていくことが求められています。個人の専門的な知識・技術の質的な向上は組織全体の専門性の質を高め、入所児童へのよりよい支援にも繋がっていくことから、意識して取り組んでいくことが重要です。

その際に、職員の職歴を踏まえながら各職員のキャリアや一時保護所（機能を有する児童養護施設）の実態に合わせて指標モデルをカスタマイズし、人材育成のための研修体系を作成する際にも活用することが可能なものであると考えています。

４　人材育成をとおした一時保護所の機能強化について

２０２０年1月23日の毎日新聞は、「児童相談所を設置する全国70自治体のうち４割強が虐待に遭うなどした子どもを保護する一時保護所の児童指導員や保育士に対して、子どもの行動観察とその記録方法についての研修を行っていない」、「国は一時保護所職員の研修内容や時間数について定めておらず、自治体間で対応にばらつきがあることが浮き彫りになった」と掲載しました。

一時保護所職員は、児童福祉司のように法定研修が義務づけられてはいません。児童福祉司は、児童福祉法第13条第8項により、厚生労働大臣が定める基準に適合される研修を受けなければならないとされ、研修内容や時間数も定められています。児童虐待防止対策体制総合強化プラン[*7]では、児童相談所の体制強化のため、児童福祉司は2017年の約3240人から2022年までに全国で2020人程度増員することとされています。あわせて、児童心理司、スーパーバイザー、保健師が増員され、弁護士や里親養育支援児童福祉司・市町村支援児童福祉司の配置が決められています。

一方、一時保護所の児童指導員や保育士の増員はなく、児童福祉司のような法定化された研修もありません。研修については、職員の研修等の専門性向上策について、都道府県社会的養護推進計画の策定要領に基づき適切に計画に盛り込むこととしています。一時保護所の研修は義務化ではないため、予算などにより自治体間で研修内容が異なっている上、変速時間労働制のため、すべての職員が研修に参加できるわけではありません。そのため社会調査に基づいた研修テキストや研修パッケージモデルの開発(①ライブ映像配信による研修方法、②研修会場に集う対面による研修方法、③Web上の教材による研修方法)、評価方法の開発も求められています。現場と理論が往還できるような研修内容を計画し、人材育成をとおして一時保護所が抱える諸課題を解決していくことが望まれています。

注

1　鈴木勲（研究代表者）、和田一郎、太田研、仙田考、２０２１年度公立大学法人会津大学競争的研究費採択事業「児童相談所一時保護所及び一時保護機能を有する児童養護施設の人材育成―研修体系モデルの開発に関する調査研究―」報告書。

2　厚生労働省「一時保護ガイドラインについて」２０１８年。

3　厚生労働省「児童虐待相談対応件数の動向について」２０２０年1月~9月分（速報値）。

4　山野則子（研究代表者）、和田一郎、亀岡智美、木曽陽子、鈴木勲、伊藤ゆかり、小倉康弘シランカ実季、李慧慧、林萍萍、令和２（２０２０）年度厚生労働行政推進調査事業（厚生労働科学特別研究事業）「コロナ禍における子どもへの影響と支援方策のための横断的研究」機関調査④児童相談所・一時保護所調査報告書、２０２１年。

5　警察庁「令和２年１~12月犯罪統計」２０２０年。

6　厚生労働省「児童相談所における一時保護の手続等の在り方に関する検討会資料等（とりまとめ資料）」２０２１年。

7　厚生労働省「児童虐待防止対策体制総合強化プラン」２０１８年。

参考文献

・関澤純、国連ポリシーブリーフ「新型コロナウイルス感染症（COVID-19）とメンタルヘルス対応の必要性」『翻訳を通して考えるリスク学研究』30巻3号、１５５―１６０頁、２０２１年。

・和田一郎編『児童相談所一時保護所の子どもと支援―子どものケアから行政評価まで―』明石書店、２０１６年。

・慎泰俊『一時保護所から考える子ども支援』ちくま新書、２０１７年。

第4章

児童相談所と子どもの未来

浅井春夫

はじめに——児童相談所の成り立ちと果たしてきた役割

(1) 児童相談所の戦後

歴史的にみれば、１９４７年に児童福祉法が公布され、49年に児童相談所の設置が義務化されることになりました。施設養護のシステムは、「分類処遇」の原則（子どもおよびその家族の抱える問題・課題別に、福祉サービスを提供すること）に基づいて児童福祉施設体制が制度化されました。児童福祉法は、必ずしも子どもを権利主体として位置づけた法体系ではなく、児童福祉行政に関する法律の側面が大きいといえます。施策の対象を救貧対策として限定的に位置づけながらも、保育所制度の規定と児童の健全育成事業にみられるように、すべての児童へと対象を拡大する児童福祉の理念的転換という側面をもっています。

しかし、戦後の出発点は、敗戦状況下の戦争孤児の「狩り込み」（動物の捕獲の名称をなぞり、路上の浮浪児、孤児などを袋小路に追いつめて捕まえる方法のこと）にみられるように、きわめて限定した対象から出発しており、社会防衛的な発想が政策の根底にありました。

敗戦直後のＧＨＱ（連合国軍最高司令官総司令部）の占領期である１９４９～50年にはアリス・Ｋ・キャロル[*1]が国際連合より派遣され、児童相談所の実地調査・指導を行うことを通して、児童相談所の機構改革に取り組み、数多くの提言を行いました。１９５１年には『児童福祉マニュアル（いわゆる「キャロル・マニュアル」)』が作成されています。児童相談所の組織に「措置部」「判定指導部」「一時保護部」の3部制の導入を提言しており、現在の児童相談所体制の骨格と機能の基礎が築かれたのです。現在の児童相談所は戦後の早い時期に原型が形づくられ、それぞれの時代の児童問題に格闘してきた歴史があります。

(2) 児童相談所が果たしてきた役割

深刻な虐待問題が起こるたびに、児童相談所は批判とバッシングの対象となってきました。しかし、児童相談所の対応によって「救われた命」が圧倒的で、児童相談所・一時保護所と市区町村、関連機関のネットワークによって、子どものいのちと権利が守られてきた事実・現実・真実を正視しなければならないと思っています。虐待死亡事件が起こると、批判の矛先は児童相談所の対応の問題点に集中砲火が浴びせられますが、子ども一人ひとりのいのちが守り切れなかった事実を、児童相談所や児童福祉司・職員の対応の稚拙さだけに矮小化したのでは、問題の解決に結びつくことにはならないと思うのです。

確かに、児童虐待の加害者と直接対応しなかったり、「現認」(実際にその事実や事情の生じた現場に行き、状況を認識すること)を怠っていたり、介入の不十分さが指摘される事例があることは事実です。その事実をけっしてあいまいにしてはならないし、正面から向きあい、対応の問題点を厳しく解明し、介入と援助の実践の改善策を築いていくことが求められていることはあらためて強調され、共有されるべき課題です。

それでも圧倒的には子どものいのちと権利を守っていることについて、わが国の児童相談所の現場の取り組みは評価されるべきと思います。むしろ現在の児童相談所、一時保護所の労働・実践水準の条件が国際的にみて、きわめて遅れている現実こそ問題として取り上げられるべきと考えています。この点に関しては、「6　児童相談所の労働・環境条件の改善」で述べることとします。

本書に所収された第1章から第3章までの論稿で、児童相談所・一時保護所に関する総合的な分析と論点の基本的な整理はされており、今後の展望も含めた提起がされています。

小稿では、これらの論稿に上書きするのではなく、児童相談所と子どもの未来を考えるうえで、避けては通れない論点と課題についてふれてみたいと考えています。

第1章＝山野良一「児童相談所は、いま」、第2章＝川松亮「子どもの虐待と児童相談所」、第3章＝鈴木勲「児童相談所一時護所の実情」の諸論稿で、すでに論究されている点も多いので、他の論稿ではあまりふれていない点や児童相談所に影響を与える政策課題に関して、私見を率直に述べてみたいと思っています。3人の執筆者の見解と私の意見がちがう点もあるかもしれませんが、あえて言えば、児童相談所・一時保護所の転換期であると考えて、それぞれの意見を率直に述べあって、今後の論議で批判的に検討していただきたいと願っています。

小稿では、次の諸点に関して、私見を述べてみたいと考えています。今後の児童相談所改革、児童福祉司の資格制度の検討など、現場での論議で検討していただければと思います。

1　介入と支援の分離か、統合か
2　地域における「予防的支援」を実現する条件
3　「新しい社会的養育ビジョン」と児童相談所
4　児童福祉運営体制の二重構造をめぐる問題
5　「こども庁」創設の提案に関して
6　児童相談所の労働・環境条件の改善
7　児童福祉司養成課程についての検討
8　一時保護所改革への提言
9　児童相談所改革への提言

1　介入と支援の分離か、統合か

本書の執筆者の一人である川松亮教授は、別稿で「児童相談所が支援機関としての機能を十全に果たせるようにするために、虐待の初期対応は児童相談所から切り離して、別の機関を設置することを構想すべきだと提起しています。すなわち、「ワンストップで虐待通告を受ける機関を設け、その機関がアセスメントをしたのちに、児童相談所または市区町村と役割分担をしていく体制を検討する必要がある」[*2]ことを提起しています。

この川松提案は今後の児童虐待相談体制を検討するうえで、ひとつの具体的な選択肢と考えます。ただ「別の機関を設置」する場合、2021年4月現在、全国の児童相談所数は225か所、一時保護所数が145か所となっており、第1に、「ワンストップで虐待通告を受ける機関」から児童相談所または市区町村と繋ぐことで、児童相談所が直接通告を受けるよりも、もう1段階のハードル（連携）を加えることになります。第2に、「ワンストップで虐待通告を受ける機関」はどの程度の数を必要とするのか、児童相談所何か所に対して1か所の設置を基本とするのか、また高度な専門職をどう確保するのかという課題もあり、インテーク（最初の面接・面談）機能の検討が必要です。第3として、結果的に、川松提案は介入と支援の分離案という基本的な考え方に立つ意見ということになります。そもそもワンストップ機能を虐待問題だけに限定することも、どう整理するのか検討が必要ではないかと思います。こうした課題はあると思いますが、具体的な提案に基づいた議論をすることが必要ではないでしょうか。

私の意見は後述しますが（「7　児童相談所改革の展望」）、簡単に言えば、新たな機関を創るのではなく、基本の枠組みとして「養護相談」と「非行相談」に対象を絞って児童相談所機能を重点化したほうがいいのではないかと考えています。

介入と支援の分離か、統合かに関わって、2019年6月の児童虐待防止法改正では、児童相談所の体制強化のなかで、一時保護等の介入的対応を行う職員と保護者支援を行う職員を分ける等の措置を講ずることが提起されています。これは2018年12月27日に出された、社会保障審議会児童部会社会的養育専門委員会のワーキンググループのとりまとめをもとにした政策的提起です。児童相談所は虐待問題に対する初期的対応としての介入機能（具体的には虐待の初期対応）と、支援機能との連続性と適切な役割分担のあり方が論議されてきたところです。

「児童相談所における介入と支援機能の分離―児童虐待防止対策の抜本的強化について」（2019年3月19日、児童虐待防止対策に関する関係閣僚会議[*3]）では、児童虐待発生時の迅速・的確な対応、(1)　児童相談所の体制強化　①介入的な対応等を的確に行うことができるようにするための体制整備として、

・一時保護等の介入的対応を行う職員と支援を行う職員を分けるなどの児童相談所における機能分化を行う（傍線は筆者）。

・このため、児童相談所において、機能に応じて部署や職員を分けること（傍線は筆者）のほか、専門人材の確保及び育成に関する方策など、体制整備を推進することについて、国において、その取り組み内容を示すとともに、都道府県等において、体制整備に関する計画策定を進める。

・国において、介入的な対応等に着目した研修の充実、アドバイザーの派遣や助言を行う。

などの課題が整理されています。

「児童相談所における介入機能と支援機能の分離状況」（2015年4月1日、208か所調査対象―厚労省調査[*4]）では、①同一の地区担当が緊急介入からその後の支援まで継続して対応している（64％）、②緊急介入とその後の支援で担当を分けている（21％）、③事例によっては、緊急介入とそ

の後の支援で担当を分けている（15％）という状況となっています。あくまでも2015年の時点ですが、約3分の2は介入と支援機能は分離しないことを基本に対応しているのが実際です。

［自治体による具体的対応事例］

・虐待対応チーム（班）を設置し、受理、初期対応から援助方針の決定までを虐待対応チーム（班）が対応し、その後の支援を地区担当が対応。
・課で担当を分け、緊急介入は初期対応担当課が対応し、その後の支援を地区担当課が対応。
・係で担当を分け、緊急介入は初期対応担当係が対応し、その後の支援は地区担当係が対応。
・児童虐待通告に関する調査、一時保護等の初期対応を行う虐待班、在宅指導、施設入所及び里親委託児童を担当する地域班、被虐待児の心理的ケア及び保護者指導等を行う心理支援係に分け、専門性・特徴を活かした援助を行うなどとなっています。

［介入と支援の分離の《メリット》］

・迅速な初動体制が確立できる。担当者の負担軽減。
・担当者が変わることにより、保護者の児童相談所に対する感情が落ち着き、その後の支援がしやすい。
・危機介入や重篤事案に特化した虐待対応ができる。

［介入と支援の分離の《デメリット》］

・担当者を引き継ぐタイミングが難しい。

・担当者によって対応の差異が生じることがある。保護者との関係の作りなおし。
・児童福祉司が初期対応の仕方を身につけることができない。
などが整理されています。

このような課題の整理も参考にしながら、各児童相談所の取り組みの歩みと、体制の規模によって、虐待問題の初期対応における分離と統合の選択は異なってくるでしょう。それぞれの児童相談所で初期対応の方針を論議し、虐待問題への対応のあり方の事例検討を踏まえて、改善を積み上げていくことが必要になっています。虐待問題の最大の分岐点ともいえる初期的対応の方法として、より適切な児童相談所内連携のあり方を整備していくことも課題となっています。

2　地域における「予防的支援」を実現する条件

この論点に関しては、第2章、川松亮論稿で述べられているところです。「予防型支援」として、「予防的な支援のためには、子育てに困難を抱える家庭に、直接アウトリーチして支援を届ける取り組みが、とりわけ重要なものと考えます」と述べています。

アウトリーチ（Outreach）とは直訳すると、「外に手を伸ばす」ことを意味する用語です。とくに医療や社会福祉などの分野では、予防的な支援や介入的な援助が必要と判断した場合に、援助者が被援助者の居住先や地域に出向いて、具体的な支援を提供することをいいます。予防的支援には不可欠な実践のあり方となっています。

問題は、アウトリーチ活動を具体化するうえで、それぞれの機関・施設などが現場に縛られ、手いっぱいの状況にあるという現実です。

(1) コロナ禍で見えてきたこと

コロナ禍のなかではっきりと見えてきたことは、この国と市民社会を生きる人々にいろいろな困難があっても、人権の基本原理としての「個人の尊厳」(憲法13条)、「健康で文化的な生活」(同25条)を実際に支えている権利保障労働はどのような職業であるのかを再認識したことです。同時にこの国が新自由主義(経済活動や社会保障への国・行政の介入をできるだけ制限することに替わって、市場原理にゆだねることで個人の自己責任を強調し、小さな政府、規制緩和、民営化などの政策をすすめる経済政治思想)の旗を振って、働く人々の条件を改悪し、とりわけ公的な責任を果たしている医療、保健・精神保健、教育、介護、保育・学童保育などのケア専門職をないがしろにしてきたことが明らかになったことです。別の角度からいえば、現代社会を支える専門職の価値に光を当てることになったことがあげられます。

ちなみに、病院数(厚生労働省「医療施設調査」2016年)は、1996年では9490であったのですが、8442と1000か所の減少となっています。東京は704↓651(53減)、大阪は591↓523(68減)で、東京以上に削減しています。さらに保健所数の動向をみれば、1

992年から2019年の27年間で、852か所から472か所に、380か所、45％も削減されたのです。そして、地域における予防的支援には、保健所は母子保健サービスの根幹に位置する機関ですが、27年間で半減するに至っています。そして、コロナ禍に見舞われたのです。

さらに全国労働組合総連合（全労連）公務部会編『非正規公務員酷書』（同、2019年発行）によれば、「市町村での虐待対応担当窓口」を担当する自治体職員における非正規職員率（厚生労働省雇用均等・児童家庭局総務課虐待防止対策推進室調べ「虐待対応担当窓口の運営状況調査結果」2017年度調査より作成）は、2016年4月1日現在、調査対象職員8704人のうち非正規職員は2565人で、29・5％という現状です。政令指定都市・児童相談所設置市では非正規職員率は23・3％、市区（人口30万人以上）では38・2％、市区（人口10万人以上30万人未満）では43・7％、市区（10万人未満）では44・8％となっています。

地方公務員全体でみれば、2005年から2016年の11年間で正規雇用職員は30万人も減少しており、反対に非正規は約19万人の増加となっています。正規雇用者の減少を非正規によって補っているのが実態です。非正規と言いながら、正規と同じ内容でフルタイムの仕事が求められるのが実際です。

こうした現状を改善しないままに、予防的支援体制を構築することは過重負担を現場に強いることになる可能性が大きいといえます。地域における「予防的支援」を具体化するうえで、いま問われていることは、地域の予防のみならず、それぞれの福祉・保健・医療の現場での〝基礎体力〟が脆弱になっていることです。自らの現場が担うべき課題に正面から向きあいながら、そのことを通して予防のためのネットワークを形成していくことが当面する課題ではないかと考えています。

(2)「予防的支援」で検討すべき課題

「予防的支援」は地域という視野のなかで、何を準備し整備していくのかが問われています。その際に検討すべきことはいくつかあると考えています。

検討課題の第1として、前述したように、予防的支援を具体化する連携・協力関係の基礎になるのは、いま地域でそれぞれの機関（学校・医療・保健・相談など）・施設（保育所・児童養護施設・乳児院など）・行政（相談窓口・担当部局など）が担っている役割・機能を十全に果たすことができる前提条件を安定的に整備していくことが課題となっています。ただし、そうした条件がそろわないと、予防的支援に関わる必要な課題に向かわないということではなく、できるところから具体化していくことが求められているのです。

第2に、現在、一定の働きをしている「要保護児童地域対策協議会（略称・要対協）」（児童福祉法25条の2）を機能的に発展させていく方向を検討すべきではないでしょうか。「要保護児童対策地域協議会設置・運営指針[*5]」においても、２００４（平成16）年の児童福祉法改正法の基本的考え方においても、(1)虐待を受けている子どもを始めとする要保護児童の早期発見や適切な保護を図るためには、関係機関がその子ども等に関する情報や考え方を共有し、適切な連携の下で対応していく

ことが重要ですが、こうした多数の関係機関の円滑な連携・協力を確保するためには、
①運営の中核となって関係機関相互の連携や役割分担の調整を行う機関を明確にする、などの責任体制の明確化、
②関係機関からの円滑な情報の提供を図るための個人情報保護の要請と関係機関における情報共有の関係の明確化、
が必要であると謳われています。

そうした趣旨に則って、要対協を発展させていくことの検討が必要です。

第3に、またすぐに地域全体の広範なネットワークが組織されなくても、複数の機関・団体での連携をすることも少なくないのが実際であり、そうした連携を積み重ねながら、ブリッジ方式でネットワーク化に向けて積み上げていくことも可能な展開ではないでしょうか。

第4として、自治体の規模と特徴に応じて、「予防的支援」モデルを作成することも具体化していく必要があります。その際に大事なことは、完成形を作成することだけでなく、段階を分けて具体的な部分ネットワークを積み上げていくことを大切にしてはどうかと考えています。

3 「新しい社会的養育ビジョン」と児童相談所

虐待問題と関わって、被虐待児童を家族と分離することも必要なケースが少なくありません。そ

うした現実を踏まえれば、被虐待児童が安全に暮らせて、学校教育も保障されるエンパワメントの場として、児童養護施設などの社会的養護の充実が求められることになります。現在および当面は里親制度、養子縁組などでは量的に対応できないことは明らかです。そうした現実があるのに、「新しい社会的養育ビジョン」では乳児院の全廃も視野に置かれ、また児童養護施設等の大幅な削減を強引にすすめることは、被虐待児童の行き場がなくなるということになる可能性が高まります。その結果、「新しい社会的養育ビジョン」*6（以下、「ビジョン」）には虐待問題に対応する落とし穴が待ち受けており、被虐待児童の安全な居場所を根こそぎ奪い、いのちと発達保障の権利をないがしろにする道を歩む可能性が大きくなります。ひいては児童相談所の措置機能の制限という実態を生み出すことになるのが「ビジョン」の議論でもあるのです。

(1) 2016年児童福祉法改正をめぐる評価

２０１６年の児童福祉法改正（5月27日、国会で可決・成立）で新設された第3条の2で「国及び地方公共団体は、児童が家庭において心身ともに健やかに養育されるよう、児童の保護者を支援しなければならない。ただし、児童及びその保護者の心身の状況、これらの者の置かれている環境その他の状況を勘案し、児童を家庭において養育することが困難であり又は適当でない場合にあつては児童が家庭における養育環境と同様の養育環境において継続的に養育されるよう、児童を家庭及び当該養育環境において養育することが適当でない場合にあつては児童ができる限り良好な家庭的環境において養育されるよう、必要な措置を講じなければならない」と規定されています。

事前に公表され、改正の本質が述べられている「児童福祉法等の一部を改正する法律案の概要」*7では、「1・児童福祉法の理念の明確化等　(1)児童は、適切な養育を受け、健やかな成長・発達や自立等を保障されること等を明確化する。(2)国・地方公共団体は、保護者を支援するとともに、家庭と同様の環境における児童の養育を推進するものとする（傍線は筆者）。(3)国・都道府県・市町村それぞれの役割・責務を明確化する」などの説明がなされています。

このような法的規定が新設されることで、すべての子どもを里親、養子縁組を含む「家庭」および「家庭と同様の環境」で育てるという新しい〝家庭養育優先の原則〟を明確にした内容とされています。施設入所は、里親、養子縁組を活用することが「適当でない」場合にのみ限定し、しかもその場合でも「できる限り良好な家庭的環境」を保障することを義務づけた内容であり、日本の児童福祉法制上〝画期的な内容〟と喧伝《けんでん》されています。喧伝とは、「盛んに声高に騒げ立てて世間に広く伝えること」です。

里親制度および養子縁組を推進する立場から、また〝脱施設化〟を推進する立場から新設された第3条の2は「第1節　国及び地方公共団体の責務」に関わる条項で、「家庭における養育環境と同様の養育環境」および「児童ができる限り良好な家庭的環境において養育されるよう、必要な措置を講じなければならない」と規定されています。家庭養育優先の原則の徹底＝里親・養子縁組・特別養子縁組を社会的養護の中心軸とするとし、原則的方向として社会的養護を里親・養子縁組・特別養子縁組の一元化をめざす法的な根拠のように言われています。

率直に言って、こうした社会的養護における施設と里親の量的比重の変更、養護形態（施設・里親・養子縁組・グループホームなど）と養護内容など、運営・実践レベルの問題を法律に書き込むことがはたして適切であるのかという問題を孕んでいます。少なくともわが国の社会的養護の現状（「社会的養育の推進に向けて」）[*8] からみれば、2019年3月末現在、乳児院、児童養護施設、児童心理治療施設、児童自立支援施設の現員数の総計が3万179人に対して、里親への委託児童数は5556人となっています。ファミリーホームの委託児童数1548人を加えると7104人です。里親・家庭的養護が全体の社会的養護に占める割合は、19・1％、施設養護は80・9％を占めているという状況です。こうしたわが国の社会的養護の現状を、政策的に大きな変更を加える内容を法律で書き込むことには大いに疑問を感じざるを得ません。そもそも量的なレベルでの政策変更であって、社会的養護・養育の質的なレベルでの政策方針ではないことも問題です。

社会的養護のあり方の変更に関して、①現実の養護システム中間駅での提起や評価ではなく、終着駅がどこを目指しているのかが法律で示されている。②量的なレベルでの変更が法律で書かれているのであって、質的なレベルの論議ではない。③「家庭における養育環境」「家庭的環境」「養護と養育」や「家庭的養護・養育」の概念自体が整理されないままに政策がすすめられていることは大きな問題です。

第1節は基本的な権利保障の骨格と内容を明らかにし、国と自治体の権利保障の責務を書き込むべきところであり、「国及び地方公共団体は、児童が家庭において心身ともに健やかに養育されるよう、児童の保護者を支援しなければならない」という国と自治体の責務を明確にすればよいのです。そもそも「児童は、適切な養育を受け、健やかな成長・発達や自立等を保障されること等を明確化する」ということが改正の意義として「法律案の概要」で述べられているのですが、憲法25条（健康で文化的な生活保障）がある国で、憲法制定（１９４７年5月3日施行）から70年余り経っている現在、そうした内容を「明確化する」こと自体を改正理由に上げていることに疑問を感じざるを得ません。その点ではとりわけ社会的養護のもとで暮らす子どもたちには「適切な養育を受け、健やかな成長・発達や自立等を保障されること」がなかったと政策側が表明し追認していることになるのは皮肉な論理展開といえます。

(2) 社会的養育の推進は都道府県の課題に

２０１８年7月に、厚生労働省より各都道府県等に対して「都道府県社会的養育推進計画の策定要領」が提示され、社会的養育の充実に向けた新たな計画を２０１９年度末までに策定を依頼し、その後も計画の実行状況を報告することが求められてきました。

厚生労働省は、里親委託の推進などに関する「都道府県社会的養育推進計画」について、２０２0年3月末までの策定を各都道府県等に対して要請をしてきた経緯があります。「しかしながら、各都道府県等の里親等委託率の目標については、国で掲げる目標に近いものから現状水準にとどまるものまで、かなりのばらつきがある状況にある」ことを認めており、「都道府県社会的養育推進計画」について、計画に記載された里親等委託率の数値目標、里親等委託推進に向けた取組等を取りまとめ、「見える化」という形で公表しています。今後、厚生労働省では、「見える化」した結果も踏まえつつ、「各都道府県等に対し、国の財政面の支援の活用も含めた更なる取組をお願いするとともに、このような取組による里親等委託率の目標値の引き上げ等をすすめていく」としています。

実際に2020年8月には、各都道府県より厚生労働省に提出された都道府県推進計画に関して、里親委託率の数値目標や取り組み状況を、レーダーチャートで公表し、その数値に基づいて個別に助言等を行うということになっています。加えて、毎年「里親委託・施設地域分散化等加速化プラン」の提出を求めており、このプランと推進計画をあわせて評価し、財政的な補助をすすめる要綱が示されています。国の「新しい社会的養育ビジョン」の具体化を強引にすすめようとする姿勢が鮮明になっています。

詳しくは、全国児童養護問題研究会編集『社会的養護研究』（第1号、2021年10月）の「小特集／社会的養育推進計画の進捗状況と課題」を読んでいただきたいと思いますが、「社会的養護の措置は、その子にとっての最善の利益を基に判断されるものであって、事前に割合を決めて割り振ることではない。行政の役割は必要なときに必要なものを選べるように社会的養護を整備することである」[*9]という黒田邦夫氏の主張は、現場か行政の立場にあるかに関わらず、社会的養護の原点です。

社会的養護の未来を展望するときに、直接に子どもたちの最善の利益を求める現場が、政治にけっして従属してはならないとあらためて心に刻みたいものです。

なお、乳児院及び児童養護施設に係る２０１９年度次世代育成支援対策施設整備交付金の取扱いについては、①小規模かつ地域分散化を積極的に推進する整備計画（地域小規模児童養護施設の整備及び分園型小規模グループケアの整備）について、優先的に採択するとしていますが、「大・中・小舎（小規模グループケア以外）を含む整備計画については、採択しない」ことを明示するなどの強引な政策的誘導をしてきたのが実際です。

(3) 日本子ども虐待防止学会の討議を踏まえて

２０１８年11月30日、「日本子ども虐待防止学会第24回学術集会おかやま大会」のシンポジウムが開かれました。社会的養護のあり方をめぐる論議は、養護理論の立場や価値観のちがいを前提にした対立的な議論をしないために、黒川真咲（調布学園）報告と私は「論証的アプローチ」を基本的なスタンスに報告をしました。

このシンポジウムの全体抄録で「このビジョンに対して、関係者や関係団体から賛否両論の声が上がり、時には激しい反論が提示された。こうした価値観の相違は子ども家庭福祉関係者の分断を引き起こし、今後の実践に重大な混乱をもたらす可能性がある」（傍線は筆者。第24回学術集会おかやま大会『プログラム・抄録集』72頁）という文言は「ビジョン」への必要な議論の提起と批判に対する一方的で排除的な論理であり、「価値観の相違」に矮小化する残念な態度です。

「ビジョン」の問題点をまとめておきますと、第1は子どもの現実と子どもの人権尊重を共通土台にして、真摯に未来を展望する議論を求めた提起とは言い難い点です。第2に社会的養護の歴史の歩みと到達点を踏まえた視点が乏しいこと、第3に「ビジョン」の内容はけっして現場と子ども・保護者から出された切実な声とはいえないのであり、第4として養育の論議が養育形態論をベースにしたものであって、けっして養育内容論ではないことも指摘しておきます。

「ビジョン」を推進する立場の方々への問い――シンポジウムを通して確認したことを含む

前述の日本子ども虐待防止学会のおかやま大会のまとめを、それぞれの論者が『子ども虐待とネグレクト』(第21巻第2号、2019年8月、202〜209頁)に書いています。私はシンポジウムを終えてのまとめを、あらためて「ビジョン」推進の立場の方々への問いかけとして提示してきました。その内容をここに紹介しておきます。

①黒川報告にあるフォスターケア・ドリフト問題(里親家庭を里子がたらいまわしになること)にどう対応するのか。

②里親委託率:乳幼児75%(概ね7年以内)、学童50%(概ね10年以内)という数値目標の具体的な算出根拠を示されたい。「ビジョン」の発表は、2017年8月であるから、すでに4年以上が経過している。

③「パーマネンシー保障」とはいかなる状況を指すのか。少なくとも里親制度はその機能を十全に果

たしていると言えるのか。

④「里親支援を抜本的に強化する」(「ビジョン」3頁)とあるが、その骨格は何か。

⑤就学前の子どもは、原則として施設への新規措置入所を停止という方針は、乳児院の廃止が基本方針か。幼児養護は原則廃止か。

⑥「新しい社会的養育」の概念・定義は「ビジョン」で示されているか。

⑦家族の多様化のなかで「家庭養育優先の原則」の中身は何を指しており、「できる限り良好な家庭的環境」とはどのような状況をいうのか。

⑧フォスタリング機関(里親養育包括支援機関)の具体像・骨格と財源保障の展望はどのような中身なのか。「NPO法人等の民間機関」の「等」には企業参入も含むのか。

⑨里親制度に比重を移すこととセットで、施設養護における要養護児童の現状と課題はどのような内容となるのか。

⑩仮に「ビジョン」が望むように里親制度に比重を大きく依存する社会的養護体制に移行したあと、里親制度が機能しない事態が生じたときに、どのような対策が考えられるのか。

次に、シンポジウムで共有できた(と思われる)ことについて、補足的に説明します。

児童人口1万人当たりの要保護児童数を国際比較でみれば、圧倒的な要保護児童数の少なさ=捕捉率の低さは、奥山眞紀子(国立成育医療研究センター)座長も共有した課題です。2007年の統計ですが、子ども人口1万人当たりの代替養育を受けている子ども数は、カナダ、デンマーク、フランスでは100人を超えており、比較的低いイギリス、ニュージーランド、オーストラリアでも50人前後となっています。それに対してわが国は17人という状況です。要養護問題への捕捉率の向上こそ児童養護界が連帯して取り組むべき優先課題であるといえます。

すべてにわたって討論できたわけではないので、いくつか特徴的な返答を紹介しておきます。

「ビジョン」を推進する人たちへの問いの①に関わって、「フォスター・ドリフト問題があっても、里親の先進諸外国では里親制度から施設への揺り戻しがないことは、現在の方向でいいという判断ではないか」という反論がありましたが、里親制度に量的に大きく移行してしまうと、その問題点が露になっても、すぐには施設を再び拡充・整備することはきわめて困難であり、その結果がホームレスの子ども・青年たちを生むことに連動している事実から目を背けてはならないのです。

②に関して、明確に数値目標を提示しているのであれば、その根拠を示しながら政策提案をしないと、無責任な提案であるという誹《そし》りは免れないと考えます。

⑤について、シンポジウムの企画責任者は「廃止していく方針であるべき」と、私の問いに最も明確にシンポジウムの場で答えられました。

⑥について、「新しい社会的養育」の定義について、ビジョン作成・とりまとめの検討会の座長でもあった奥山眞紀子氏に尋ねましたが、ビジョンに「書いてある」と答えられるのみで、どこにどのように書いているのかは紹介されませんでした。私が訊いたのは「新しい社会的養育」概念の定義です（傍線は筆者）。「ビジョン」（本文編）では「新たな社会的養育」という用語の中身をほとん

ど定義（物事の意味・内容を他と区別できるように、言葉で明確に限定すること）することなく使用し、「考え方」として「そのすべての局面において、子ども・家族の参加と支援者との協働を原則とする」としますが、その用語の考え方が直線的に「より適切な養育の在り方を構想する基盤」を形成するわけではないことも明らかです。

長々と「ビジョン」をめぐる政策側の提起と論点、私が考える基本的な問題点を述べましたが、それは「ビジョン」の方向へ邁進すれば、社会的養護における施設と里親制度・養子縁組の割合をリアルな現状分析もないままに強引に転換することになります。施設の割合の縮小、さらに全廃を強行することになれば、児童虐待からの緊急避難と安全を保障する生活の場が果たして確保できるかが問われることになります。里親制度に大きくシフトして、里親先進国にみられるようなフォスターケア・ドリフトの現実が露わになったときに、児童養護施設を設立することは容易なことではないし、再転換はかなり困難な課題になることは明らかです。被虐待児のケアの受け皿をなくしていく危険性を直視しておく必要があると思います。

「ビジョン：vision」は、日本語としては主に「将来の見通し」「未来像」「構想」といった意味で用いられますが、同時に「幻想」「幻影」という意味もあることを申し添えておきます。

4　児童福祉運営体制の二重構造をめぐる問題

児童相談所の機能をめぐる今後の検討課題として受け止めておきたいことのひとつは、保育を含む児童福祉の運営体制は、児童養護施設など入居型施設の都道府県を基盤とした運営体制と、保育所・母子生活支援施設などの市区町村を基盤とした運営体制の二重構造となっていることです。戦後の児童相談所の運営は基本的に都道府県による児童相談体制でした。

近年では東京都の区立児童相談所や横浜市（市立児童相談所4か所）、川崎市（市立児童相談所3か所）、静岡市立児童相談所、浜松市立児童相談所などが設立されてきました。東京都では「特別区における児童相談所設置予定時期（２０２０年2月時点）」で示されているように、２０２０年度に世田谷区、江戸川区、荒川区、21年度に港区、中野区、22年度には板橋区、豊島区、23年度では葛飾区、24年度には品川区、25年度に文京区となっています。以上の10区のほか、12区が設置の方向で検討中とのことです。

こうした区市での児童相談所の開設の動向はさらに進行していくことになります。こうした方向を見据えながら、児童相談所の配置をどのように構想していくのかを現場サイドからも検討していく必要があります。

総務省は「広域行政の必要性」について「高度経済成長期以降の交通網の整備や最近の情報通信手

段の急速な発達・普及によって、住民の活動範囲は行政区域を越えて飛躍的に広域化しており、広域的な交通体系の整備、公共施設の一体的な整備や相互利用、行政区域を越えた土地の利用など広域的なまちづくりや施策に対するニーズが高まってきています。

さらに今日、市町村は、少子高齢化や環境問題、情報化の進展といった多様化・高度化するとともに広域化する行政課題への的確な対応に迫られています。

また、市町村合併の進展等によって基礎自治体の行政体制整備が大幅に進んでいますが、個々の基礎自治体は規模、地理的条件等の事情が異なるため、事務事業によっては、広域的な連携の仕組みを積極的に活用し、複数の地方自治体が協力して実施することで、より効率的で、かつ質的にも向上した事務処理が可能となります。

広域的な取組を進める方法としては、複数の市町村が合体して一つの市町村として取り組む市町村合併と、個々の市町村はそのままで連携調整して取り組む広域行政があります」[*10]（総務省、地方自治制度、広域行政・市町村合併）としています。

実際に平成の大合併がピークの2005年12月には、全国の自治体（市区町村）の数は2166でしたが、2020年では1741（2021年10月現在では市町村は1718、総務省ホームページ）となっています。

もともと児童相談所は都道府県単位を視野においた広地域立地型の行政機関でした。児童相談所だけでみれば、自治体を整理統合・合併・縮小しなくても、必要な数の設置をすれば「住民の福祉の向上」に資する施策になるはずです。たとえば、２０２０年10月現在、人口１２３万人の青森県では6か所を設置しています。児童相談所1か所当たりの人口は20万５０００人です。現在の日本の総人口は、２０２１年9月現在、1億２５２１万人となっており、全国の児童相談所数が２２５か所（２０２１年4月現在）ですから、単純計算で日本全体の平均的な児童相談所1か所あたりの人口数は約55万６５００人となっています。

『児童福祉法施行令及び地方自治法施行令の一部を改正する政令』の公布について」（厚生労働省子ども家庭局長通知、２０２１年7月21日公布、２０２３年4月1日施行）*11において、児童相談所の管轄区域に係る参酌基準について（改正令第1条）で、「都道府県の区域において、基礎自治体である市町村（特別区を含む。以下同じ。）が行政サービスの提供の基礎的な単位となっていることから、児童相談所の管轄区域は、一又は二以上の市町村の区域とすること。すなわち、市町村の区域を分割するような管轄区域とはしないこと」が示されています。

さらに児童相談所1か所当たりの人口について（新令第1条の3第2号）では、「各児童相談所の担当するケース数等を適正なものとし、児童虐待への対応等を適切に行えるようにすることが必要であることから、新令第1条の3第2号において、管轄区域内の人口（以下「管轄人口」という。）は、『基本としておおむね50万人以下』とすべきことを規定した」ことが示されています。

ちなみに、この規定に基づけば、たとえば、さいたま市の人口は１３３万人（２０２１年10月現在）ですから、現在2か所ですが、３か所の児童相談所の設置が望まれているということになります。

地方自治体と国の構造改革をめぐるこれまでの議論のなかで、道州制（道州制基本法案［骨子案］、自民党道州制推進本部、２０１２年）では全国で10程度の道州を置くことが提起されてきました。また基礎自治体に関して、「総合行政主体として、地域における事務をできる限り担うべき」ことが期待されてきました（「第27次地方制度調査会答申、２００３年11月13日）。

こうした動向は住民側から求めた改革の道ではありません。明らかに政治・政策側からの提起であって、国民生活に対する運営を国からできるだけ地方自治体に移譲することがめざされています。その狙いは、国は外交と軍事に責任の重点を置き、憲法25条を骨格にした健康で文化的な国民生活の保障に関しては自治体に権限を委譲していくという国のカタチの改革の方向です。国民生活に対する国家責任の分散をすすめる具体案となっているのです。

こうした政策的動向を視野に置いて、児童福祉運営体制の二重構造を、市区町村に一元化していくことが政策的にめざされていると考えていますが、それは何のための一元化なのかを検討しなければならない課題ではないでしょうか。

5　「こども庁」創設の提案に関して

自民党若手議員による「Children Firstの子ども行政のあり方勉強会」が「こども庁創設に向けた第二次提言（案）」（以下、「第二次提言」２０２１年年5月28日）[*12]を公表しています。自民党総裁選において「こども庁」の設置は4候補ともに合意した政策課題となっていました。そして、2021年10月4日に発足した岸田文雄内閣において、総裁選を争った野田聖子議員が、地方創生、少子化対策、男女共同参画、女性活躍、こども政策、孤独・孤立対策担当相で入閣し、「こども庁」創設担当の大臣に就任しています。岸田政権のひとつの目玉政策として衆議院選挙後の11月1日の記者会見で「こども庁創設に取り組む」ことを表明、翌2日には子ども関連政策の〝司令塔〟となる「こども庁」を創設する法案を、2022年の通常国会に提出する方針を固めたとのことです（東京新聞、2021年11月3日朝刊）。

しかし、文部科学省が所管する分野のうち、幼稚園や小中学校の義務教育は、「こども庁」に移管することはしない方向で検討されています。子ども政策の骨格である教育分野は文科省が管轄するままで残ることになります。改革の根幹でもあるはずの「縦割り行政の打破」という謳い文句は、結局のところ、具体化される展望はなさそうです。なおかつ「こども庁」は内閣府の外局という位置に置かれ、専任閣僚を置く方向とのことです。

現在のところ、厚生省が担う「保育」「児童虐待防止」「障がい児」、内閣府の「少子化対策」「子どもの貧困」が移管される方向が検討されています。文科省が担当する政策はほとんど移管されないということになります。

こうした課題が「こども庁」に移管されるということは、省が担当する権限の制約・縮小の可能性も少なくありません。まして予算の大幅な増額という確約と展望もないなかで、「こども庁」に移管することは、「保育」「少子化対策」の民営化・市場化・営利化を促進させることになるのではないかと危惧します。

また「子どもの貧困」対策も民間の力に依拠する方向へと、力点がさらに移行していく可能性も大きいのではないかと予測します。現在のような各省庁に分散された総花的な子どもの貧困対策では大きな進展は期待できません。「こども庁」創設によって、どのような政策・方針が具体化されるのかは全く不明です。

このような中途半端な権限と、より現在の保育・子育て政策の骨格を、民間にゆだねる方向がすすめられるのであれば、この間、〝アベノミクス〟などで政府がとってきた新自由主義政策の推進に他ならないのではないでしょうか。その意味で新自由主義政策推進の司令塔の役割を果たすことになる可能性が大きいといえます。

子ども関連政策の〝司令塔〟(もともと軍事用語から来ている用語ですが、「組織全体の指揮を執る部署や人のたとえ」という意味)として「こども庁」を位置づけることは、国民の切実な要求と課題を「こども庁」に移管することで、はたして「組織全体の指揮を執る」ことができるかという大きな課題があります。たとえば、保育や少子化対策に関して、なぜ厚労省で子育て世代の要望に応えきれていないのに、「こども庁」が担当すれば、国民の切実な要求に応えられる展望があると言えるのでしょうか。

ここでは「こども庁」設置を推進するというのであれば、前提とすべき論点を提示することに留めておくことにします。

(1) 自民党の「こども庁創設に向けた第二次提言（案）」の検討

「第二次提言」のⅡ・基本的考え方では、「府省庁間の『縦割り』だけではなく、地方自治体との『横割り』、子どもの年代による分断の『年代割り』の3つの解消を図る」ことが謳われています。しかし、子どもの福祉・教育・保健等の不十分な施策の原因を「縦割り行政」の問題に還元することは根本問題を指摘したことにはなりません。むしろ、行政の担当部局が責任をもって「住民の福祉の増進を図る」（地方自治法第1条の2）ために必要な体制と予算を確保していないことこそ問われるべき問題です。

「縦割り行政」が諸悪の根源のように言われることがありますが、行政の担当部局がその領域に関して責任をもって「住民の福祉の増進を図る」ことに尽力することは当然のことです。そうした行政責任を果たすことを通して、必要な部局間の連携をすすめていくことは可能であり、求められる実践のあり方です。それができない状況があるのは、自らの部局の課題に対応するだけで精いっぱいという労働実態（人員と業務量のアンバランス）と財政的保障が制約条件となっているのです。

国と「地方自治体との『横割り』」という問題も、国が地方自治体の自治権を保障していない実際こそが問題です。国が地方自治体の財政をがんじがらめにせずに、安定的な財政保障ができれば「横割り」問題は軽減されます。中央集権型の政治こそ見直されるべき課題といえます。

「子どもの年代による分断の年代割り」という問題も、保育所待機児童問題や年金制度の改悪などは政治によってつくられている世代の分断となっています。また社会生活に必要不可欠なエッセンシャルワーカー（保育士、介護職員など）の低賃金の構造も改善されてこなかったことで、〝職域割り〟の実態が放置されてきたのであり、改善すべきは政治の課題であることを指摘しておきます。

(2)　なぜ課題が改善されてこなかったかの解明を

「第二次提言」において、Ⅲ・「こども庁」が対象とすべき課題として、1・命をまもるための問題「子どもの〝命〟を守る体制強化」、2・子どもの環境改善に関わる問題「妊娠前からの切れ目のない支援の充実」、3・制度・仕組みの問題「子ども目線での切れ目のない健康と教育の実現」の柱に即して、26項目が掲げられています。1・「子どもの〝命〟を守る体制強化」のなかで児童相談所の現状に一般的なふれ方はされていますが、緊急で重点的な課題としては位置づけられていないのが実態です。

ここであげられている項目は私たちとしても取り組むべき課題が少なくありません。こうした課題をあげるのであれば、まずはどうしてこれまでの政治では解決・改善・緩和することができなかったかの分析と総括がされるべきです。そうした前提となる作業を避けたまま、組織改編をすれば解決の展望が生まれるわけではけっしてありません。

「第二次提言」のⅣ・「こども庁」に必要な機能に「『こども庁』創設を検討するための大前提」が

掲げられており、「子ども関連予算の確保と一元化　子育て関連支出の対GDP比を、2040年の見通しである1・7％から倍増し、欧州並みの3％台半ばまで引上げる」ことが謳われています。欧州並みに子ども関連支出をいま前進させることもできないのに、どうして、こども庁が設立されたら、現在の倍化ができるというのでしょうか。いま生きている子どもの現実に責任をもたないで、こども庁ができれば大きく展望を拓くことができるというのはまったくの幻想にすぎません。

「子ども政策のグランドデザイン〜こども庁構想」のポイント（2021年5月28日配布版）で、基本的なスタンスへの批判を意識して、「対象とすべき課題（組織再編が目的でなく課題を解決・予防する為にこども庁を設置！）」と書いており、そうであれば、こども庁創設の論議で、これまで、なぜ必要な改善ができなかったかの基本問題から議論すべきであると考えます。

6　児童相談所の労働・環境条件の改善

児童相談所で虐待などの対応に当たる児童福祉司について、国は2022年度までに人口3万人につき1人以上を配置する新たな基準を設けて各自治体に増員することを要請しています。しかし、NHKが2021年4月の時点で児童相談所を設置する全国の74の自治体に対して、この増員の基準に照らして児童福祉司が満たされているかを調査したところ、[*13]「不足している」と答えたのは全体の自治体の78％（58）の自治体で、その数は全国で1200人の増員が必要な実態にあることが明らかになっています。そのなかで30人以上不足している自治体は、東京都、神奈川県、川崎市、埼玉県、千葉県、名古屋市、大阪府、大阪市、奈良県、兵庫県の10の自治体で、とくに大阪府は208人、東京都では167人と大きく不足する事態であることが明らかになっています。

各国の児童相談所設置の人口数、ケースワーカーの対象児童数

たとえば、各国の児童相談所1か所当たりの人口についてみると、日本は約56万人、アメリカでは、「児童保護サービス機関」は1支所当たりの人口約51万人、イギリス（イングランド）では「Children Social Care」が各地方自治体（152自治体）に置かれており、1自治体当たりの人口は約37万人（2016年、厚生労働省雇用機会均等・児童家庭局調べ「アメリカ・イギリス・北欧における児童虐待対応について」[*14]）、ドイツでは「青少年局」が、広域主体で16州、地域主体で51か所に配置されており、1か所当たり人口約16万人となっています。[*15] アメリカより担当人数は約5万人多く、イギリスの1・5倍、ドイツの約3・5倍という状況にあります。

児童福祉司（ソーシャルワーカー）一人当たりの受け持ちケース数（2014年現在）は、アメリカ・ロサンゼルス郡では、ケースワーカー1人の対象人口は約2490人、スウェーデン約2330人〜2670人、デンマークは約890人が担当ケースとなっています。東京都でみると、ケースワーカー一人で約3万5000人、愛知県一宮市児童相談所では同じく約3万1150人が対象人数となっています。日本のワーカーの桁違いの対象児童数の多さは、国際的にみても群を抜い

ている現状があります。

児童相談所は、教育・訓練・指導担当児童福祉司（スーパーバイザー）、児童福祉司、児童心理司、児童指導員及び保育士、受付相談員、相談員、24時間・365日体制対応協力員（児童虐待対応協力員）、医師（精神科医、小児科医）、看護師、保健師、栄養士、調理員などの専門職が働いている現場です。

18歳未満の子どもへの児童虐待は、30年連続で増え続け、2020年度はついに20万件を超えて過去最多の20万5029件となっています。前年度より5・8％（1万1249件）増加。全国の児童相談所が相談に対応した件数を公表したなかで、件数が増えているのは、相談経路の50・5％を占める「警察等」からの連絡でした。通報により現場で児童虐待の確認をした警察官が、夫婦間の暴力が子どもの前で行われる「面前ＤＶ」を心理的虐待と判断して児童相談所に連絡するケースが多くなっているといわれています。

虐待のタイプ別では「心理的虐待」が12万1325件（59・2％）で最も多く、「身体的虐待」が5万33件（24・4％）で続き、「ネグレクト」（養育・保護の怠慢・拒否）が3万1420件（15・3％）という件数になっています。

警視庁統計によれば2020年では、61人の子どもが虐待・無理心中で亡くなっています。厚生労働省が、都道府県等に対する調査により把握した、2019年4月～2020年3月までの1年間（第17次報告の対象期間）に発生または表面化した子ども虐待死事例は、心中以外の虐待死事例では56例（57人）、心中による虐待死事例（未遂により親は生存したが子どもは死亡したものを含む）では16例（21人）であり、総数は72例（78人）でした（子ども虐待による死亡事例等の検証結果等について17次報告[*16]）。

児童相談所が対応する虐待問題、社会的養護問題はまちがいなく拡大と深刻化の状況にあり、「生命への権利、生存・発達の確保」（子どもの権利条約第6条）という権利が危機に瀕している実態です。児童相談所・一時保護所の職員の労働・環境条件は、子どもの生命権保障に直結する課題であることの認識があまりにも政策側にとぼしいのが現実と言わなければなりません。いまやるべきことをやるかどうかが、政治と政策に問われているのです。

7　児童福祉司養成課程についての検討

(1)　児童福祉司になるための現在のプロセス

今日の虐待問題を中核とした養護問題への対応は、専門的な知識とスキル、重複した課題を背負った家族との関わり方が問われる職務です。通告後、虐待発生の現場に、基本的に複数で現認と状況把握を初対面で行うことは、身体的な危険性への対処も含めて専門性が問われます。

いま専門職に問われている専門性とは、最大公約数的にいえば、局面に対する判断と対抗能力のことです。それは3つの段階で問われます。①対人的な援助実践としての専門性、②施設・機関な

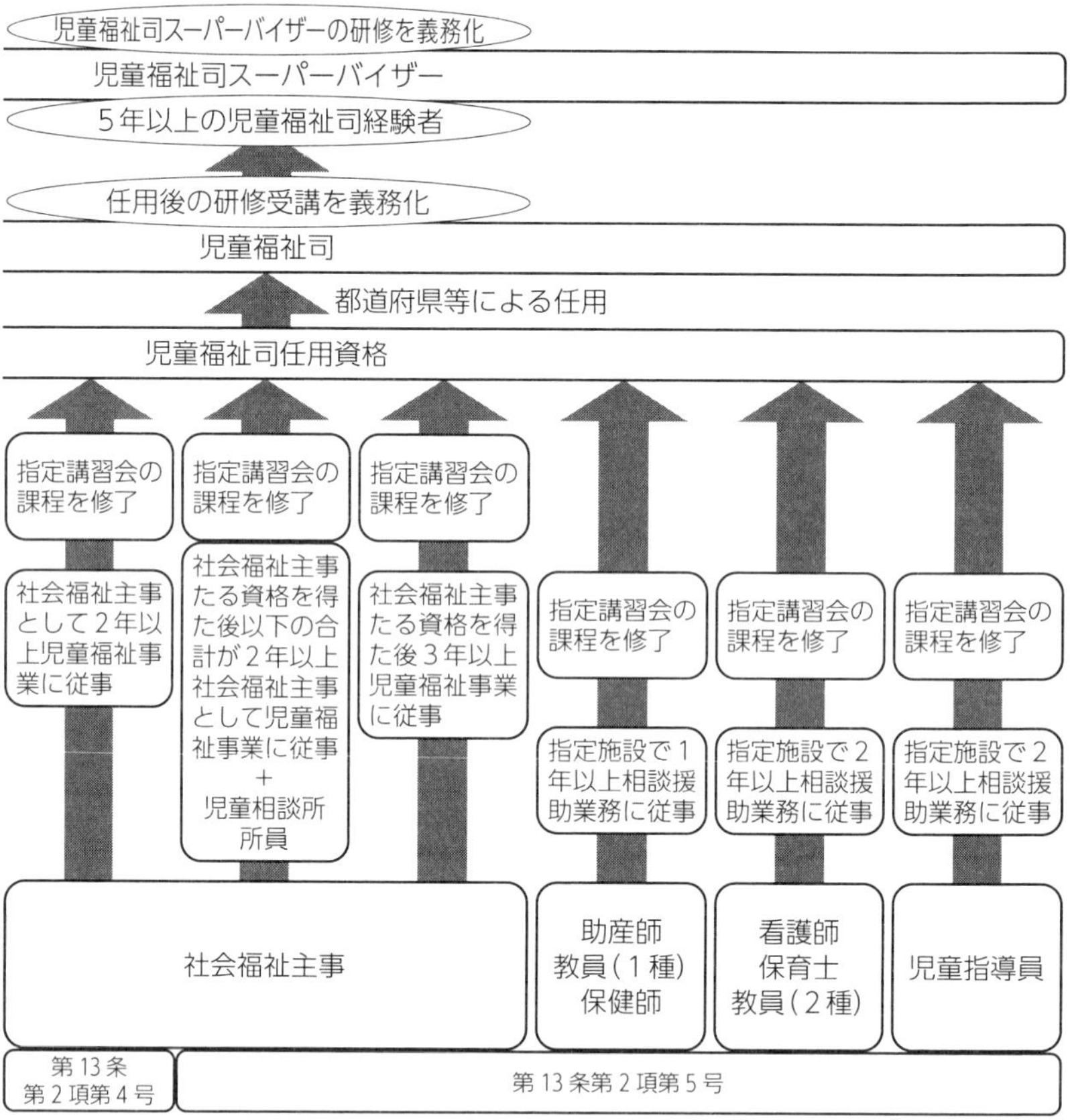

図1　児童福祉司の任用資格取得過程

file/05-Shingikai-11901000-Koyoukintoujidoukateikyoku-Soumuka/11.pdf より作成。

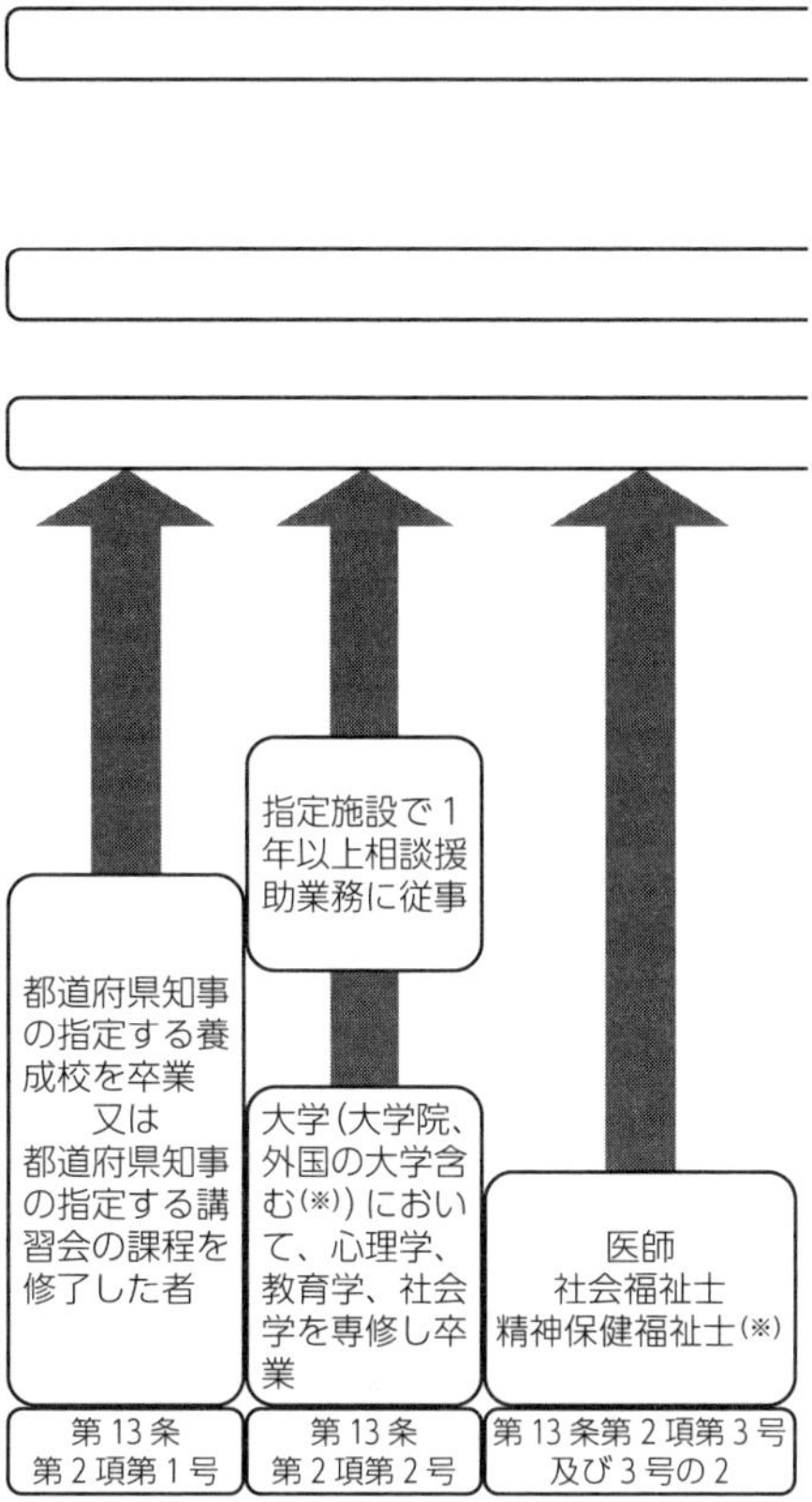

※第13条第２項第５号に該当。

出所：厚生労働省資料。https://www.mhlw.go.jp/

どの運営の専門性、③社会・歴史の分岐点での判断と対応という3つのレベルがあります。

③について少し補足をしておくと、専門職は、①と②の専門性が優先的に問われますが、同時に政策動向や社会的動きにも専門職としての問題意識と、ソーシャルアクションの主体となるかが問われている立場であるといえます。

現在の児童福祉司の任用資格の取得は**図1**のようなプロセスを経て、地方公務員試験に合格したうえで、児童相談所に配置されることにより、児童福祉司（ケースワーカー）として職務に従事することになります。

児童福祉司として仕事をするためには、児童福祉司の任用資格（①大学・短大で厚生労働大臣の指定する社会福祉関係の科目を取得する。②厚生労働大臣の指定する養成機関［いわゆる専門学校・2年制］を卒業する）を取得したうえで、地方公務員になることが必須条件となります。

地方公務員試験に合格することと、次の4つのルートを卒業・修了・従事することで児童福祉司として児童相談所の仕事に従事することになります。

①児童福祉司の専門学校を卒業した方、②都道府県知事の指定する講習会の課程を修了した方、③大学で心理学、教育学、もしくは社会学を専修する学科等を卒業し、指定の施設で1年以上、相談援助業務に従事した方、④特定の職業で働き、1～2年以上相談業務に従事した後、指定の講習を修了した方などとなります。

こうしたパッチワーク的な資格制度のままで、今日の高度な判断と対応能力が問われる児童福祉司の資格に関して、このままでいいのかを考えてみる必要があるのではないでしょうか。資格制度改革と創設に関してこれまで現場の方に尋ねてみましたが、ほとんど肯定的ではない意見でした。それはこれまでの資格制度のなかで職務をこなしてこられた自信・自負でもあると受け止めています。また資格を創設すれば、労働環境が連動して改善するわけでもないし、養成課程をどのように整備していくのかも不明であることも指摘できます。社会福祉士・介護福祉士の資格制度化の実際をみても、こうした意見には一定の道理があると受け止めています。

ただ、福祉に関わる制度は時代状況と現場の課題に応じて、制度の改善とともに必要に応じて新たな制度化をすすめることが必要だと考えています。新自由主義のキーワードとしての「選択」は、国・行政や市場が用意した限定された選択肢の中から、自己責任のもとに選びなさい、あるいは福祉サービスを購買できる費用（お金）を用意して購入しなさいという範囲の選択でしかありません。しかし、権利としての社会福祉を保障する立場からいえば、現在の法制度で用意されていない実態があれば、福祉現場や住民ニーズに応えていく取り組みを通して新たな制度をつくるという選択肢があるというのが基本的な立場なのです。

(2) 児童福祉司の資格と養成のあり方の検討

この課題に関して、厚生労働省子ども家庭局が所管する「子ども家庭福祉に関し専門的な知識・技術を必要とする支援を行う者の資格の在り方その他資質の向上策に関するワーキンググループ　とりまとめ」（以下、「とりまとめ」）を公表しています（２０２１年2月2日）。*17

「とりまとめ」では、「２０１９（令和元）年6月に成立した『児童虐待防止対策の強化を図るための児童福祉法等の一部を改正する法律』（以下「令和元年改正法」という）附則第7条第3項において、子ども家庭福祉分野のソーシャルワーカーの資格のあり方その他資質の向上策が改めて検討事項とされた」ことから論議が始められています。その内容は、1・基本的な考え方、2・子ども家庭福祉の資格の在り方、3・研修・人材養成の在り方、4・人事制度・キャリアパスの在り方、の4つの柱で整理されています。

「2・子ども家庭福祉の資格の在り方」では「子ども家庭福祉に関する専門的な知識・技術を有することを客観的に評価し、専門性を共通に担保できる仕組みとして資格の創設を検討すべきである」と基本的な方向が示されています。「社会福祉士養成課程との共通の科目を基礎として、子ども家庭福祉分野の専門課程を修了した者に付与される資格」案（前者案）、「既存のソーシャルワークに関する資格（社会福祉士等）を基礎として、子ども家庭福祉分野に関する上乗せの教育課程を修了した者に付与される資格」案（後者案）の両案がたたき台として提起されています。

一方で、「ソーシャルワークの専門資格は統合に向かうべきという議論があるなかで、これ以上資格を分断させるべきではない」という意見も出されています。加えて、「社会福祉士、精神保健福祉士に並ぶ3つ目の選択肢として大学のカリキュラムに位置づけた場合、子ども家庭福祉を専攻する学生が確保できるのかどうか懸念がある」という意見もあります。

個人的な見解としては、大学教育の運営体制の現実と、専門職としての必要な専門的知識とスキルを身につけるという観点からすると、後者の方向が建付けとしては具体化できやすいのではないかと考えます。どちらの案にしても、これまでのカリキュラムの再編成が求められ、コマ数も増加することになることは明らかです。その点では個別の大学の運営に責任を委ねるのではなく、国として「子ども家庭福祉」の資格を創設するのであれば、必要な常勤教員の配置と授業コマ数増加に対する公的なバックアップを制度的に保障すべきであると考えます。

児童養護・児童虐待問題を国の課題として位置づけなければ、大学等が資格制度に呼応した専門

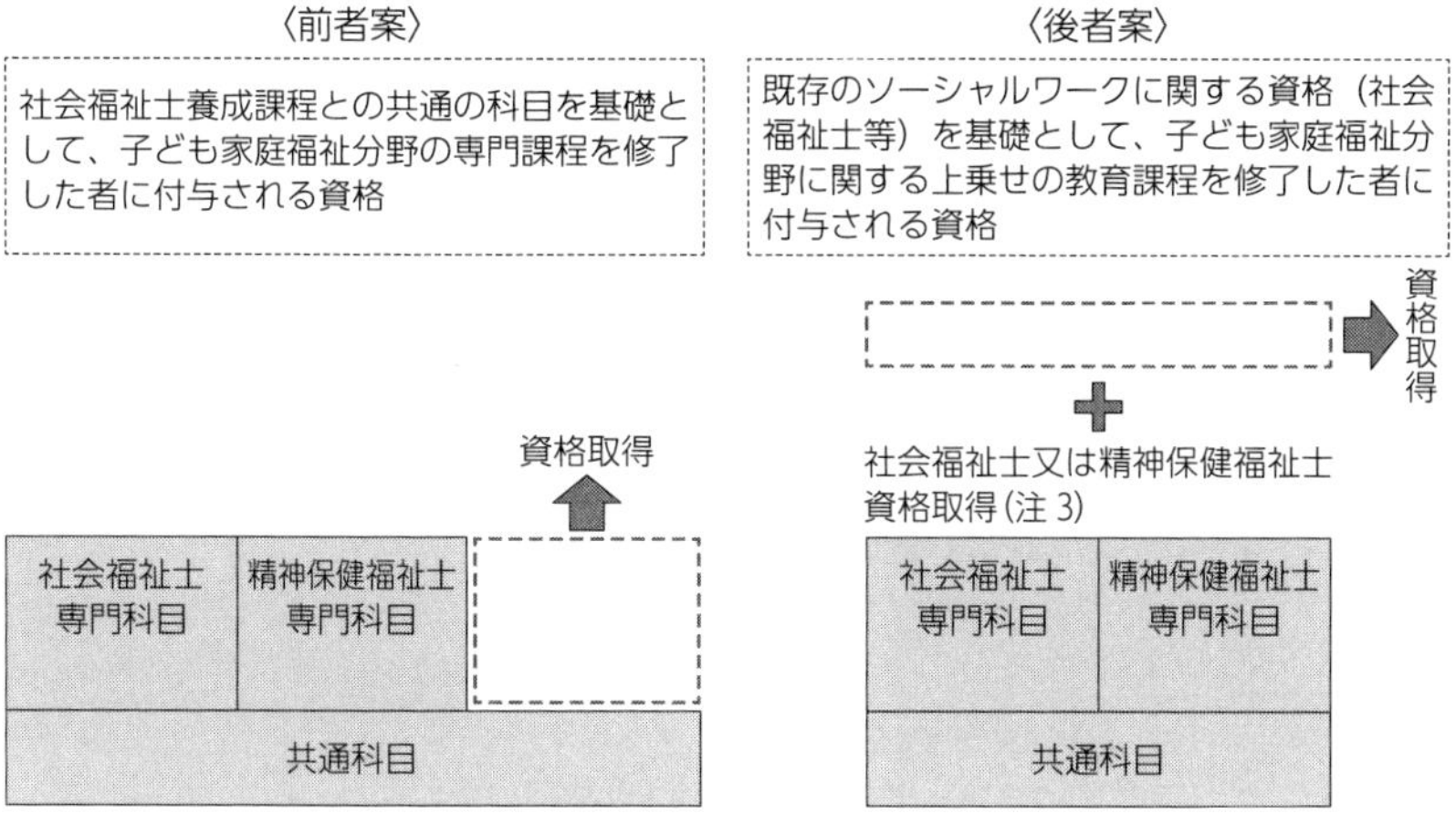

図2　子ども家庭福祉の資格について（粗いイメージ）

注：1　上図は4年制の福祉系大学等で指定の科を履修するルートを表したもの。実際には、修業年限や大学等での履修科目の違いに応じて、卒業後に一定期間の実務経験を必須としたり、養成施設での就学を必須とするなど、さまざまなルートが考えられる。
注：2　資格取得の方法としては、試験に合格する、認定された教育課程を修了する、などが考えられる。
注：3　社会福祉士または精神保健福祉士の養成課程を修了することを要件とし、それらの資格の国家試験合格までは要件としない形も考えられる。
注：4　このほか、大学等の養成課程を修了することに加え、採用された後に現場で長期の実習課程を修了することではじめて取得できる資格とすべきとの意見があった。
出所：厚生労働省「子ども家庭福祉に関し専門的な知識・技術を必要とする支援を行う者の資格の在り方その他資質の向上策に関するワーキンググループ　とりまとめ」2021年2月2日。

課程ないしは上乗せの教育課程を開設することにはならない、ないしはきわめて少ない開設しかされないのではないかと、率直に危惧するものです。

「とりまとめ」でもふれていますが、今後の展望として、高度な専門性が求められる児童福祉司養成に関しては大学院の修士課程への進学を支援することも検討が必要になっていると考えます。

資格制度は、大学等の専門職養成課程の整備、研修制度の充実、現場における専門職養成（人材養成）、人事制度、専門職としての労働条件（賃金体系、労働時間、職員配置基準など）の保障などの包括的な制度として整備される必要があります。けっして限定された資格取得制度に矮小化されてはならないのです。

「とりまとめ」においても「人材の資質の向上は喫緊の課題である」と位置づけられています。しかし、現状は「児童福祉司は令和2年4月1日現在で51％が勤続3年未満であるなど経験が浅い職員が多く」、専門職の人材の蓄積は希薄な現状と言わざるを得ないのが実際です。中期的な展望を持った専門職養成計画を本気で立案し、実行・到達点チェックをできるしくみが必要となっています（図2参照）。

(3) 児童虐待対応先進国のイギリスの資格と職員養成

増沢高（子どもの虹情報研修センター）「英国における子ども・家庭ソーシャルワーカーの資格と育成」（厚労省資格化ＷＧ報告資料[*18]）を紹介しておきます。

イギリスにおける「子ども・家庭ソーシャルワーカー」は資格取得まで2通りの養成コースがあります。ひとつのコースは養成大学のコースであり、もうひとつはファストトラック（専門職養成を迅速に達成する、ないしは審査などを優先的に実施すること。大卒者社会人のためのコース）です。ここでは紙幅の関係で養成大学コースを紹介することに留めておきます。

養成大学（ロンドンだけで約40コース存在）ではＰＣＦ（Professional Capabilities Framework：

アフターコロナの公衆衛生

ケアの権利が守られる地域社会をめざして

末永カツ子　編著　定価1870円　880377377

コロナ禍の事象を人権の視点から捉え直し、アフターコロナ社会のあり方を考える

コロナ禍からみる日本の社会保障

危機対応と政策課題

伊藤周平　著　定価2200円　880377353

コロナ禍で露呈した社会保障の制度的脆弱さから財政政策の方向性を提示する

現代自治選書

増補改訂版 地域づくりの経済学入門

地域内再投資力論

岡田知弘　著　定価2970円　880377117

待望のリニューアル！　地域再生と持続的発展の道をいまあらためて示す

自治体財政

入門　地方財政

地域から考える自治と共同社会

平岡和久・川瀬憲子・桒田但馬・霜田博史　編著　定価2970円　880377520

地方財政の歴史、制度の解説と評価、地域経済等の政策をわかりやすく説明

自治体財政を診断する

『財政状況資料集』の使い方

森　裕之　著　定価1870円　880377506

『財政状況資料集』から自治体の課題を捉える。自治体財政にアクセスするための必読書

集権型システムと自治体財政

「分権改革」から「地方創生」へ

川瀬憲子　著　定価2750円　880377438

国が進める集約型国土再編の政策で地方財政や地方自治に及ぼした影響を検証

五訂版 習うより慣れろの市町村財政分析

基礎からステップアップまで

大和田一紘・石山雄貴・菊池　稔　著　定価2860円　880377308

財政分析の入門から統計局のデータベース（e-Stat）まで対応した必携の一冊

プロフェッショナル能力体系）をもとに、カリキュラムを設定しています。その学修期間は3年間です。1年目モジュール（学修の段階）は、講座等で安全保障（safeguarding）、ＳＷ（ソーシャルワーク）の原理と実践、人間発達とライフコース、法律と政策など。2年目モジュール（コア）は、講座等で子ども・若者・家族への支援、成人への支援、ＳＷの文献研究・実習は70日間／地域、社会に入っての実習となっています。さらに、3年目モジュール（コア）では、講座でソーシャルワーク理論、価値と倫理、実習は１００日間が用意されており、実践レポートを提出することで資格を取得することになります。実習先に雇用されることがほとんどということです。大学院では2年間の学び（大学院は国内で約２００）、マスター（修士の学位）を取得し、実習先に雇用されることがほとんどとなっています。

児童虐待対応の先進国といってよいイギリスの児童福祉ソーシャルワーカーの養成から学ぶことは多くあります。3年間の計画的で体系的な学修課程、１００日間の実習日数というトレーニング期間、4年制大学＋大学院修士課程とより専門的な専門職養成システムが整備されていることなど、学ぶべきことは多くあります。わが国の児童福祉司の養成は、これまでの任用資格のレベルで運用されてきた現状を改革することが必要不可欠となっていると考えます。くり返しで恐縮ですが、職業として児童福祉司を希望する大学生や中高生が、この仕事に就いてみたいと思うためには、仕事の魅力の発信と労働条件・賃金が保障されることがセットで、資格制度が検討される必要があります。その点をあいまいにしないで真摯な論議をしていくことが求められているのです。

8　一時保護所改革への提言

一時保護所をめぐる現状と課題は、3章の鈴木勲論稿で詳しく述べられていますし、研修体系および指標モデルが提起されています。鈴木論稿が指摘しているように、一時保護所職員（児童指導員、保育士が中心）には、児童福祉司のように法定研修（専門職であるために法律で義務づけられた研修）は位置づけられていません。率直に言えば、一時保護所職員を児童福祉の専門職員として行政的には位置づけてこなかったということではないでしょうか。法定研修は法律改正することですぐにでも改善できることです。国・厚生労働省の姿勢が鋭く問われています。*19

児童養護施設の最低基準の「準用」規定の改定

児童福祉法施行規則第35条により、一時保護所の施設の設備及び運営については、「児童養護施設に係る児童福祉施設最低基準の規定（家庭支援専門相談員に係る部分並びに同令第42条第6項ただし書及び第45条の3を除く）を準用する」ことになっています。「準用」とは、ある物事を標準として適用することです。一時保護所の場合は児童養護施設の最低基準の規定を適用することが基本となっています。

しかし、一時保護所と児童養護施設とはケアの内容と運営のあり方は基本的に違います。一時保護所は短期間（「原則として2か月を超えない」入居期間）の関わりのなかで、一時保護所内での生活が基本パターンとなっており、児童養護施設は一定の継続した人間関係のなかで、幼稚園や学校に通う地域生活を送るなど、職員と子どもの人間関係と、生活環境はかなり違います。

あえて言えば、一時保護所は人間関係が未形成のなかで24時間、子どもと職員が生活をともにする場であり、とくに子どもは親子分離の不安を抱えながら、きわめて緊張感の高い生活の場であるわけです。そういう意味では職員は子どもとの初対面の連続のなかで、さまざまな人間関係の局面の連続に向き会うことになるのです。そうした一時保護所の現実を踏まえれば、児童養護施設の最低基準の「準用」ではなく、児童養護施設の基準を上回る独自の基準を設定することが必要であると考えます。こうした観点から改革が求められているのではないでしょうか。一時保護所の実践内容を、限定された空間と期間における子どもを管理の対象としてしか考えてこなかった政策側の一時保護所観が問われているのです。あるべき一時保護所像の共有化が求められているのです。

もうひとつ、一時保護所の生活改善の課題を上げておくことにします。学習権の保障は子どもの人権の中核にあります。その意味で一時保護所期間における学習権の保障は優先して改善されるべき課題です。地元の教育委員会との連携のなかで、教科書・教材の入手、オンライン授業の活用、教員の派遣も検討される必要があります。また「現在の一時保護所は学習指導員が2人だけであり、小1から高3までの広範囲をカバーするには十分な体制とは言えない。学習支援体制の充実に要する予算措置が必要と考える」[*20]という提言が指摘する通りです。

学校生活の中断が小中学生にとっては、一時保護所退居後の学校生活に〝軟着陸〟するうえではかなりの困難をともなう場合があります。退居後の生活との継続性を踏まえた生活の改善が求められます。東京都江戸川区の一時保護所課長の茂木健司さんが語る「保護所は子どもたちにとって居心地の良い場所でなければならない」（『朝日新聞』２０２１年8月25日夕刊）という一時保護所像があらためて問われる必要があります。その点でいえば、子どものプライバシーの尊重という暮らしの文化の観点から、個室化を保障していくことも積極的に検討すべき課題です。

あらためて確認しておきたいことは、一時保護所を名実ともに専門施設として位置づける改革が求められているのです。一時保護所改革は、児童相談所改革とセットですすめられることが必要不可欠の課題となっています。

9　児童相談所改革への提言

児童相談所改革は、いくつもの角度からアプローチしていくことが必要であることは言うまでもありません。時系列的には、短期・中期・長期の視点から検討していく必要があるし、それらを連結させていくべき作業が求められています。だが実際には、児童相談所改革の展望は示されていないのが実状です。児童虐待数の増加に示されている実態に対して、児童福祉司、児童心理司等の専門職の増加が追いついていないことも現実であり、深刻です。

すでにふれたように、児童相談所の運営上の工夫と改革も試行錯誤がなされています。また虐待問題への対応が社会的な批判を浴びることも、被虐待児の死亡事件に際しては繰り返される状況にあります。

こうした状況のなかで、改革は地道な積み上げ方式ともいえる迫り方も大切ですが、改革の展望を基本問題から検討することも必要であると考えます。

まったくの私見ですが、提言の第1として、中期的展望として児童相談所が対応する相談・対応対象を、絞り込むこともひとつの選択肢として検討できないでしょうか。実際の児童相談所が受ける相談件数は、2019年度では54万4698件となっており、そのうち虐待問題を中心とした「養護相談」が26万7955件（構成割合49・2%）と最も多く、「障害相談」（34・8%）、「育成相談」（7・8%）、「非行相談」（2・3%）と続いています（図3参照）。その点でいえば、養護相談と非行相談に対応の基本を据えていくことで、児童相談所の相談対象と機能を特化していくことが検討されてもよいのではないかと考えます。実際に児童相談所の仕事の中心的機能は、養護相談から入ってきた虐待問題に圧倒的な比重があるの

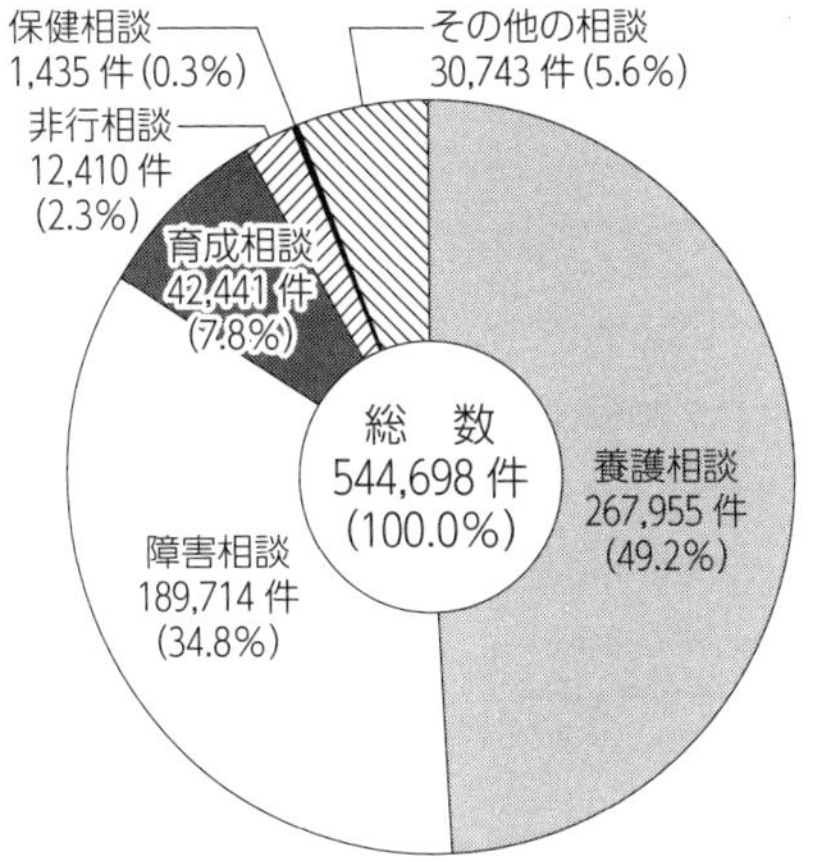

図 3　児童相談所における相談の種類別対応件数（2019 年度）

出所：2019（令和元）年度の厚生労働省の「福祉行政報告例」。

が実際です。したがって、養護相談と非行相談に的を絞って、児童相談所の機能を充実させていく方向を検討課題として論議してみたいと考えます。

他の相談のなかに養護問題が潜んでいることも少なくないのも実際です。その場合は、他機関からの児童相談所に繋げていくことは、地域の要養護問題への対応システムとして考える課題であるといえます。

児童福祉法では、児童相談所に関して次のように規定されています。

「第12条　都道府県は、児童相談所を設置しなければならない。

2　児童相談所は、児童の福祉に関し、主として前条第1項第1号に掲げる業務（市町村職員の研修を除く。）並びに同項第2号（イを除く。）及び第3号に掲げる業務並びに障害者の日常生活及び社会生活を総合的に支援するための法律第22条第2項及び第3項並びに第26条第1項に規定する業務を行うものとする」。

児童相談所は基本機能として、①相談機能、②一時保護機能、③措置機能をもった行政の現業機関です。子どもの問題をめぐる総合的な相談窓口（相談機能）であり、子どもの心理判定、家族関係の調整、市区町村との連携、一時保護機能、措置機能などを備えた包括的な役割を持った自治体の行政機関が児童相談所です。

とくに障害相談に関しては、児童福祉法に基づく指定障害児相談支援事業の拡充、市区町村の窓口での対応、障害分野の専門施設等での相談を、地域のシステムとしてネットワーク化していくことも方向として検討できると考えます。障害分野の相談を成人と児童を分離せずに包括的に対応できる地域の相談・援助システムを整備することのほうが機能的ではないでしょうか。

提言の第2は、児童福祉司、児童心理司を軸とした専門職員の配置基準（対象人口）に関して、予算上の前年度からの積み上げ方式ではなく、児童相談所が専門的機能を十全に果たすことのできる労働条件の検討を、審議会・検討会・ワーキンググループを設置して本気で議論すべきです。その際、諸外国の先進例を大いに参考にすべきです。児童福祉司一人当たりの対応件数に関する上限を設定し、上限を超える状況になったら、人員を行政の責任で配置することを法律で義務づけるべきと考えます。

〝子どもへの無関心〟の政治を断ち切る決意が政治家に求められています。岸田文雄新首相は自ら「人の話を聞くことが得意」と言われていますし、閣僚が国民と車座で論議をする場を設けるという姿勢を示しているのですから、まず児童相談所の現場の声を聴いてほしいと願っています。

提言の第3は、専門職員の資格制度と職員養成システムの構築の課題です。この点はすでに書いたことであり、児童相談所のあり方の中・長期的展望を踏まえた改革の議論をすべき時期であるといえます。その点からいえば、大学等における児童福祉司等の専門職養成のしくみについての検討を切に願っています。

第4に、子どもの意見表明権にかかわって、親・保護者と一緒に暮らすことができない子どもを施設や里親に委託する際に、児童相談所が子ども本人から意見を聴くしくみを法律で規定する課題があげられます。２０１９年の国連子どもの権利委員会の所見で、親子の「分離の検定に関する義務的司法審査」を要請している課題です。また２０１７年の法改正で、親の同意がない2か月を超える保護に家庭裁判所の審査が行われることになっています。

実質的に意見表明権を保障するためには、対話を通して子どもの意向を聴くことのできる「アドボケーター」（意見表明の真意を代弁する支援員）の存在を確保することも必要な措置です。すでに厚生労働省の「子どもの権利擁護に関するワーキングチーム」が提言をまとめており（２０２1年5月）、児童福祉法改正を検討することになっています。大事なことは、法制度を機能させるための必要なスタッフの配置と専門性を高める研修制度の拡充をセットで進めることです。

子どもが意見・意思を表明し、児童福祉司などが聴くということで、子どもの意思を最大限に尊重することがあってこそ意味があるといえます。たとえば、施設に入るにしても、どの施設で暮らしたいのかを選ぶことのできる「施設選択権」が尊重されることも検討したいものです。それは児童養護施設の側の努力も問われている課題です。

これらの課題は政策的に具体化することは可能です。いま日本が、子どもを大切にする国になるうえで避けては通れない課題として提起しておきたいと思います。

まとめにかえて

第4章は、かなり私見を交えて率直に書いてみました。小稿に関しては多くの方の批判的検討もいただきながら、これからの児童相談所の未来を展望していくうえで、ひとつの問題提起として検討していただければと願っています。児童相談所は、わが国の子どもをめぐる問題に対する最前線です。しかし、それにふさわしい条件整備がされないまま推移してきました。児童相談所改革を政治の宣伝手段として利用するのではなく、子どもを大切にする国になるための課題として、真摯な議論をすすめたいものです。

あらためて児童相談所の職員のみなさんのご尽力に心からのエールを送ります。

注

1　戦後のGHQ占領期に国際連合の社会活動部から日本に派遣され、児童相談所の機構改革に関する多くの提言と問題提起を行った人物。その報告書は、児童福祉法の改正と児童相談所の制度改革、児童福祉司のあり方について大きな影響を与えた。藤井常文著、倉重裕子訳『キャロル活動報告書と児童相談所改革』明石書店、2010年に詳しく紹介されている。
2　川松亮「児童相談所における子ども虐待対応の現状と課題」『住民と自治』2020年4月号、11頁。
3　https://www.mhlw.go.jp/content/000496811.pdf

4　https://www.mhlw.go.jp/file/05-Shingikai-12601000-Seisakutoukatsukan-Sanjikanshitsu_Shakaihoshoutantou/0000099506.pdf

5　https://www.mhlw.go.jp/bunya/kodomo/dv11/05-01.html

6　https://www.mhlw.go.jp/file/05-Shingikai-11901000-Koyoukintoujidoukateikyoku-Soumuka/0000173888.pdf
「新しい社会的養育ビジョン」の原理的包括的な批判については、浅井春夫・黒田邦夫編『〈施設養護か里親制度か〉の対立軸を超えて』明石書店、２０１８年を参照。

7　https://www.mhlw.go.jp/topics/bukyoku/soumu/houritu/dl/190-31.pdf

8　厚生労働省子ども家庭局家庭福祉課、２０２０（令和２）年３月。

9　黒田邦夫「社会的養育推進計画の進展と新たな課題」全国児童養護問題研究会編集『社会的養護研究』第１号、２０２１年10月、76頁。

10　https://www.soumu.go.jp/kouiki/kouiki.html

11　https://www.mhlw.go.jp/web/t_doc?dataId=00tc6074&dataType=1&pageNo=1

12　https://44827ace-5ff4-4fe0-99e9-a89f34499ac7.usrfiles.com/ugd/44827a_944a4c5abb9443fc84af5a9e2c427df2.pdf

13　https://www.nhk.or.jp/politics/articles/lastweek/60856.html

14　第３回児童虐待防止対策のあり方に関する専門委員会、増沢高（子どもの虹情報研修センター研修部長）提出資料。https://www.mhlw.go.jp/file/05-Shingikai-12601000-Seisakutoukatsukan-Sanjikanshitsu_Shakaihoshoutantou/0000060829_6.pdf

15　岩志和一郎編著『児童福祉と司法の間の子の福祉―ドイツにみる児童虐待防止のための諸力連係―』尚学社、２０１８年参照。

16　厚生労働省「社会保障審議会児童部会児童虐待等要保護事例の検証に関する専門委員会」２０２１年８月。
https://www.mhlw.go.jp/content/11900000/000825392.pdf

17　https://www.mhlw.go.jp/content/11907000/000732415.pdf

18 https://www.mhlw.go.jp/content/11907000/000641374.pdf

19 「児童相談所運営指針」（２００５年2月14日改正）の「第2章 児童相談所の組織と職員 第5節 職員の資格、研修等 2・職員の研修等」で、次のように記されている。

(1) 所長は、研修を受けなければならない。（法第12条の3）

(2) 各部門の長は各部門の職員に対し教育・訓練・指導（スーパービジョン）のできる者であることが適当である。特に、判定・指導部門の長については、医師、児童福祉司、児童心理司等専門技術を有する者であることが必要である。

(3) 各職員は内部の職員又は外部の専門家による教育・訓練・指導（スーパービジョン）を受ける機会を積極的に活用し、また相互の指導・訓練・教育（スーパービジョン）、密接な連携・協力により、資質向上に努める。

(4) 児童相談所は、都道府県等の児童福祉主管課と連携しながら、職員に対する研修の実施、充実に努める。研修の企画に当たっては、職種別の研修や実務経験に応じた研修等、体系的な研修に努める。

(5) 職員は内部の研修のほか、各種研修会・研究会・学会等への積極的参加、施設等における研修等により、新しい処遇技法の獲得等に努める。

児童相談所長には、児童福祉法第12条の3で、「③ 所長は、厚生労働大臣が定める基準に適合する研修を受けなければならない。」とされていますが、所長以外では研修の権利と義務は明記されていません。「児童相談所運営指針」においては一時保護所所長も含めて実施については「務める」という努力規定にとどまっているのが実際です。専門職としての研修を法定化すべきことは必要不可欠となっているのに、これ以上の行政のサボタージュは許されないと思います。

20 兵庫県社会福祉審議会児童福祉専門分科会「一時保護所のあり方検討部会」編『子どもの最善の利益を実現するための一時保護改革の方向性』２０２１年1月、25頁。

[編著者]

浅井春夫（あさい・はるお）

立教大学名誉教授、“人間と性”教育研究協議会代表幹事

1951年京都府生まれ。専門領域：児童福祉論、セクソロジー。

著書等：『子どもの未来図――子ども期の危機と貧困化に抗する政策的課題』2020年、『「子どもの貧困」解決への道――実践と政策からのアプローチ』2017年、以上、自治体研究社、『〈施設養護か里親制度か〉の対立軸を超えて――「新しい社会的養育ビジョン」とこれからの社会的養護を展望する』（共編著）、明石書店、2018年。

[著　者]　掲載順

山野良一（やまの・りょういち）

沖縄大学人文学部福祉文化学科教授、「なくそう！子どもの貧困」全国ネットワーク世話人。

1960年福岡県生まれ。専門領域：子ども家庭福祉、社会調査。

著書等：『児童虐待のポリティクス――「こころ」の問題から「社会」の問題へ』（共著）、明石書店、2006年、『子どもに貧困を押しつける国・日本』光文社新書、2014年、『復帰50年　沖縄子ども白書（仮題）』（共編著）、かもがわ書店、2022年春発刊予定。

川松　亮（かわまつ・あきら）

明星大学常勤教授、認定NPO法人児童虐待防止全国ネットワーク理事、「なくそう！子どもの貧困」全国ネットワーク世話人。

1957年山口県生まれ。専門領域：子ども家庭福祉、子ども虐待、子どもの貧困。

著書等：『ジソウのお仕事』（共著）、フェミックス、2020年、『市区町村子ども家庭相談の挑戦――子ども虐待対応と地域ネットワークの構築』（共著）、明石書店、2019年、「児童相談所とは何をするところなのか」『こころの科学』2020年11月号、日本評論社。

鈴木　勲（すずき・いさお）

会津大学短期大学部准教授

1971年青森県生まれ。専門領域：子ども家庭福祉、社会的養護。

著書等：『子ども家庭支援論――家族の多様性とジェンダーの理解』（共著）、建帛社、2019年、『保育者養成のための子ども家庭福祉』（編著）、大学図書出版、2018年、『児童相談所一時保護所の支援の充実――子どものケアから行政評価まで』（共著）、明石書店、2016年。

子どものための児童相談所
——児童虐待と子どもへの政治の無関心を超えて

2021年12月10日　初版第1刷発行

編著者　浅井春夫
著　者　山野良一・川松　亮・鈴木　勲
発行者　長平　弘
発行所　㈱自治体研究社
〒162-8512 東京都新宿区矢来町123 矢来ビル4F
TEL：03·3235·5941／FAX：03·3235·5933
http://www.jichiken.jp/
E-Mail：info@jichiken.jp

ISBN978-4-88037-732-2 C0036

印刷・製本／モリモト印刷株式会社
DTP／赤塚　修

自治体研究社

子どもの未来図
――子ども期の危機と貧困化に抗する政策的課題

浅井春夫著　定価 1980 円

子どもたちはどんな環境に置かれているのか。貧困、虐待、いじめなどの実際をつぶさに捉え、母親と子、子育ての現状を多角的に分析する。

「子どもの貧困」解決への道
――実践と政策からのアプローチ

浅井春夫著　定価 2530 円

六人に一人の子どもが貧困状態。こども食堂、学習支援等の実践活動の課題を捉え、政府の対策法の不備を指摘して、自治体の条例案を提示。

社会保障と保育は「子どもの貧困」にどう応えるか
――子育てのセーフティーネットを提案する

浅井春夫著　定価 1885 円

いち早く「子どもの貧困」を取り上げた書。継承してしまう貧困の現実にも注目して、福祉・保育・教育の現場から実効性のある政策を提案。

子どものための保育制度改革
――保育所利用者減少「2025 年問題」とは何か

中山　徹著　定価 1320 円

2025 年、保育所利用者は減少に転じる。ここで保育の質を犠牲にした量の拡大、行政責任の後退から保育環境の改善に舵を切る必要性を説く。

だれのための保育制度改革
――無償化・待機児童解消の真実

中山　徹著　定価 1430 円

保育の産業化、市町村の役割縮小、消費税による財源確保等、保育制度改革の矛盾を指摘し、日常生活圏を単位とした整備、改善を提唱する。